幼小衔接教师指导手册

林秀娟 主编

福建人民出版社
海峡出版发行集团
THE STRAITS PUBLISHING & DISTRIBUTING GROUP

主　　编：林秀娟
副 主 编：林雅静　庄月影　朱洁银
编写人员：
“学习品质与入学适应”部分：
吴山红　周志英　袁　军　陈冰思　安　平　王　燕
陈素芬　吴艳艳　李　洁　陈碧华　杨巧鹿　林飞鸣
张文卿　李素芳　赵　云
“阅读与书写”部分：
庄月影　陈惠玲　陈琦妮　吴志红　林雅静　陈滢渲
陈　凤　李艳花　李　君
“数学思维”部分：
朱洁银　黄秀红　连清风　陈琼瑗　江红梅　林茂华
吴　莉　严月心　陈尾玲　赖　思　肖彩霞　赵智霞
庄荔雯
“拼音学习”部分：
庄月影　叶娉婷

使用说明

“幼小衔接”一直是家长和教师热议的话题。“幼小衔接”的重要性在于如何引导儿童从幼儿园的状态过渡到小学的状态。儿童在幼儿园的活动主要是以游戏为主的学习与探索，而儿童在小学的活动则主要是以课堂教学为主的学习。学习方式的改变，必然导致了有些儿童的不适应。

为了引导儿童适应小学的生活和学习，为儿童从幼儿园进入小学做好相应的心理准备和能力准备，我们组织编写了这套“幼小衔接”课程。

“幼小衔接”课程根据儿童入学前后心理、能力和认知特点以及小学学习基本素质的要求，从学习品质与入学适应、阅读与书写、数学思维、拼音学习四个方面切入，系统构建入学准备课程，引导儿童做好入学前情感与态度、能力与知识的准备，为其入小学后的学习适应奠定基础。

本课程包括一本教师用书和四本儿童操作材料。儿童操作材料分为《学习品质与入学适应》《阅读与书写》《数学思维》《拼音学习》四本。在编写过程中，我们力求题型新颖，内容丰富、形象、生动，循序渐进地将学前知识融入其中，及时、有效地巩固所学的知识，全方位、多角度地开发学龄前儿童的形象思维和逻辑思维，力求有效地提高儿童的学习兴趣。

在使用本套“幼小衔接”课程的过程中，要注意：

一、所有的课程内容都是按照幼儿园活动的模式编写的，建议教师和家长在使用的过程中，还是采取幼儿园活动的模式，不要急于求成地直接过渡到小学的课堂教学模式。

二、在“幼小衔接”的课程中，学习品质的培养最为关键，直接关系到儿童未来的学习状况。教师和家长在使用《学习品质与入学适应》的过程中，一定要确实保证儿童理解并接受进而养成良好的学习品质，切不可当作“看看”的材料。同时，在儿童学习数学、阅读与书写等过程中，要始终不懈地贯穿学习品质的培养。还需特别强调的是，在引导儿童学习写字时，教师和家长一定要反复强调握笔和写字的姿势。

三、课程中有些活动的内容较多，可以根据儿童的接受能力和实际教学的情况调整，分为几次进行。教师和家长切不可因为“赶课程”而忽视儿童的兴趣和需要。

四、建议教师将学习品质与入学适应、阅读与书写、数学思维和拼音学习四部分内容并行开课、交替进行，提高儿童的学习兴趣。

五、建议教师在教学过程中注意和家长密切合作，以切实保证儿童在养成良好学习品质的基础上，做好入小学之前的心理准备和能力准备。

愿本课程的出版，能为幼儿园开展幼小衔接教育、为家长引导孩子做好入学前准备提供内容和方法的参考。

目 录

学习品质与入学适应

入学愿望

小学是什么样的

活动目标

1. 了解小学生活和幼儿园生活的不同。

2. 能完整地表述自己的想法。

3. 萌发对小学生活的向往。

活动准备

经验准备：儿童已参观过小学。

物质准备：(1) 小学和幼儿园环境图片。(2)《学习品质与入学适应》第 1 页、第 2 页。

活动过程

一、出示图片，激发兴趣。

1. 引导儿童观察小学和幼儿园环境图片。

2. 提问：小学校园和幼儿园有什么不同？

3. 小结：小学校园比幼儿园更大、更宽敞，功能室也更多。

二、观察画面，交流讨论。

1. 引导儿童观察《学习品质与入学适应》第 1 页，看一看图画上面有谁、是什么地方，并和同伴交流自己的看法。

2. 集中交流讨论：从画面上我们发现小学是什么样的？

三、讨论：小学生有哪些丰富有趣的活动？

1. 鼓励儿童回顾参观小学的经验，大胆表述自己的看法。

2. 引导儿童观察《学习品质与入学适应》第 2 页，说一说图上的小学生在参加哪些活动。

3. 小结：小学生的生活可丰富了，不仅可以上各门课程，学到很多知识，还可以参加丰富多彩的活动。

我想当个小学生

活动目标

1. 知道小学生入队是很光荣的。

2. 初步了解小学生学习和生活常规。

3. 能完整清楚地表达自己的见解。

活动准备

物质准备：(1) 红领巾图片。(2)《学习品质与入学适应》第 3 页、第 4 页。

活动过程

一、出示红领巾图片。

1. 提问：这是什么？谁才能戴上红领巾？

2. 小结：红领巾是少先队员的标志。

3. 思考：怎样才能戴上红领巾？

4. 小结：小学生在学习、习惯、礼貌等各方面都表现好，才能成为少先队员，戴上红领巾。

二、观察画面，交流讨论。

1. 引导儿童观察《学习品质与入学适应》第 3 页上半部分的画面，看一看图画上面有谁、他们在做什么事。

2. 鼓励儿童与同伴交流自己的看法。

3. 小结：小学生加入少先队，戴上红领巾，很光荣；小学生戴上红领巾，参加升旗仪式、唱国歌，很庄严哦！

4. 引导儿童观察《学习品质与入学适应》第 3 页下半部分至第 4 页的画面，看一看、说一说小学生的一日学习与生活是怎样安排的。

5. 小结：小朋友，要向小学生学习，养成规律的作息，准备上小学哦！

三、问题讨论：怎样做个小学生？

1. 提问：小朋友除了要养成规律的作息，还要怎样做，才能成为好学生？

2. 鼓励儿童大胆表达自己的想法。

3. 教师用儿歌的形式小结：

做个好学生

早睡早起不迟到，
爱学习、勤动脑，
爱劳动、懂礼貌，
团结友爱不忘掉，
小书包、整理好，
高高兴兴上学校。

4. 教师引导儿童朗诵儿歌《做个好学生》。

四、活动延伸。

请儿童回家后和父母一起制订“小学生的一天”作息表。

学当小学生

听到预备铃声，做好课前准备

活动目标

1. 了解预备铃及其作用。

2. 能遵守纪律做好课前准备。

活动准备

物质准备：(1) 预备铃声录音。(2)《学习品质与入学适应》第5页。

活动过程

一、倾听预备铃声，了解预备铃。

1. 教师播放预备铃声，引导儿童倾听。

2. 提问：这是什么声音？听到这种声音，我们该做什么？

3. 小结：预备铃是告诉小朋友们准备上课了。

二、观察画面，讨论问题。

1. 引导儿童观察《学习品质与入学适应》第5页小学生课前准备图，引导儿童看一看、说一说预备铃响后小学生在做什么。

2. 小结：预备铃响要坐回自己的座位，准备好下一节课的文具和书本。

三、观察画面，判断是非。

1. 引导儿童观察《学习品质与入学适应》第5页东东和贝贝在预备铃响后行为的图片，引导儿童讨论：预备铃响了，东东和贝贝谁做得好？

2. 小结：预备铃响后应迅速做好上课准备。

四、模拟活动，游戏体验。

1. 播放预备铃声，引导儿童模拟小学生做课前准备。

2. 教师表扬预备铃响后能迅速做好上课准备的儿童。

上课该怎么做

活动目标

1. 懂得上课要坐端正，专心听讲，认真记笔记，积极举手发言。

2. 懂得上课想发言要先举手，得到教师同意后再大胆表达自己的想法。

活动准备

物质准备：《学习品质与入学适应》第6页。

活动过程

一、观察画面，判断对错。

引导儿童观察《学习品质与入学适应》第 6 页的画面，说一说：图画上面有谁？他们在做什么事？谁做得对？谁做得不对？为什么？并和同伴交流自己的看法。

二、讨论问题，明辨是非。

1. 问题：上课时，哪些小朋友做得对？哪些小朋友做得不对？为什么？

2. 小结：图一、图四、图六的小朋友做得对，图二、图三、图五的小朋友做得不对。

3. 问题：上课的时候应该怎么做呢？

4. 小结：上课的时候应该坐端正，专心听讲，认真记笔记，积极举手发言。

三、启发思考，了解上课举手发言常规。

1. 提问：小学生上课发言为什么要举手？应该怎样举手？如果老师还没请到你应该怎么做？

2. 小结：小学生上课想发言要先举手，得到老师同意后，起立、站正、大声讲。没有被请到，就放下手，认真听别人讲，这是对老师、小朋友尊重和有礼貌的表现。

四、实践模拟，体验小学上课的常规。

1. 引导语：现在我扮演小学老师，你们扮演小学生，我们要开始上课啦！

2. 提出小学生上课要求，例如上课要认真听教师讲课、发言要举手等。

3. 引导儿童模拟小学上课情景，观察儿童的行为，及时纠正，强调上课常规。

课间十分钟

活动目标

1. 了解小学生课间十分钟的活动内容。

2. 初步学会合理安排小学生课间活动。

活动准备

经验准备：儿童已参观过小学，对小学生的学习、生活有一定的了解。

物质准备：(1) 小学生课间十分钟活动图片。(2)《学习品质与入学适应》第 7 页。

活动过程

一、观察图片，理解课间十分钟的意义。

1. 出示小学生课间十分钟活动图片，提问：图中有谁？他们在做什么？什么时候可以自由活动？

2. 小结：在小学生活里，上完课后有十分钟时间让同学们自由放松地活动，这样同学们下节课上课的时候就更有精神，能更好地学习本领。

二、思考讨论，了解课间十分钟的活动内容。

1. 讨论：课间十分钟里同学们可以做什么呢？

2. 小结：课间十分钟里同学们可以喝水、上厕所、聊天、运动、游戏，还可以准备下节课要用的书本和文具，但是由于十分钟很短暂，所以不适合到离教室很远的地方活动，以免上课预备铃响的时候来不及回教室。

三、大胆尝试，学习安排课间十分钟。

1. 问题讨论：如果你是小学生，你会在课间十分钟做什么呢？先做什么，再做什么？

2. 鼓励儿童用绘画的形式表现自己课间十分钟的安排，并与同伴交流分享。

四、做做说说。

引导儿童观察《学习品质与入学适应》第7页画面，说一说小学生课间十分钟应先做些什么、再做什么，并用数字在圆圈内标上顺序。

好 习 惯

早 睡 早 起

活动目标

1. 了解早睡早起、勤锻炼对身体健康的重要性。

2. 学会为自己制订起居计划。

活动准备

物质准备：《学习品质与入学适应》第8页、第9页。

活动过程

一、观察画面，理解故事内容。

引导儿童观察《学习品质与入学适应》第8页上半部分画面，提醒儿童仔细看图，想一想图上讲的是什么故事，并和同伴交流分享。

二、问题讨论。

1. 提问：小黄莺的歌唱得怎么样？可它为什么没有得到大奖？

2. 小结：小黄莺没有得到歌唱比赛的大奖，是因为它晚睡晚起迟到了，被取消了比赛资格。

三、观察画面，制订作息时表。

1. 引导语：小黄莺决定参加第二届唱歌比赛，请小朋友帮助它制订合理的作息时间表。

2. 请儿童观察《学习品质与入学适应》第8页下半部分画面，启发儿童根据画面上的内容，在没有指针的钟面上画上时间。

3. 集体交流：展示个别儿童帮助小黄莺制订的作息时间表，并进行分析。

4. 小结：小朋友帮助小黄莺制订了合理的作息时间表。小黄莺这次早睡早起，不仅没迟到，而且赢得了比赛第一名。

四、观察画面，讨论问题。

1. 引导儿童观察《学习品质与入学适应》第 9 页，启发儿童在小组里与同伴看一看、说一说画面内容。

2. 集中讨论：壮壮和小小为什么一个强壮有精神、一个瘦弱没力气？

3. 小结：早睡早起、勤锻炼，能让我们身体健康。小朋友要向壮壮学习，做个身体健康的小朋友。

五、亲子作业。

请家长和孩子一起制订“宝宝一日活动作息时间表”。

我会整理书包

活动目标

1. 了解小学生书包里所放物品的名称及功用。

2. 学会看课程表。

活动准备

经验准备：儿童参观过小学，认识过书包。

物质准备：《学习品质与入学适应》第 10 页。

活动过程

一、回忆参观活动，引出主题。

1. 引导语：前几天，我们参观了小学，访问了哥哥姐姐，知道他们每天上学都要背书包。你们知道书包里有些什么吗？

2. 引导儿童观察《学习品质与入学适应》第 10 页乐乐书包图片，了解书包里该准备的物品。

（1）提问：乐乐也要上小学了，他的书包里放了些什么？哪些物品不能带去学校？

（2）小结：书包里只装学习用具，不带与学习无关的东西，更不能带危险物品。

二、了解课程表，学习看课程表。

1. 引导儿童观察《学习品质与入学适应》第 10 页的课程表，并提问：这是什么？课程表有什么用？

2. 小结：这是课程表。课程表告诉我们每天的课程安排。

3. 提问：怎么知道每天的课程安排？课程表上面和左边的文字分别表示什么意思？

4. 小结：上面文字表示星期几，左边文字表示第几节课。

三、操作练习。

1. 请儿童根据《学习品质与入学适应》第 10 页的课程表，将找到的课用符号画在相应的括号里。

2. 小结：小朋友真能干，学会了看课程表，以后就能根据课程表自己整理书包了。

任务意识

忘记带什么

活动目标

1. 知道做事要细心，不能丢三落四。
2. 学会检查自己的物品。
3. 培养初步的任务意识。

活动准备

物质准备：《学习品质与入学适应》第 11 页。

活动过程

一、倾听故事《小熊上学》，回答问题。

1. 提问：为什么小熊会被妈妈批评？
2. 小结：小熊上学忘记带书本，丢三落四做不好事情。

二、观察图片，知道细心做事的好处。

1. 引导儿童观察《学习品质与入学适应》第 11 页的画面内容。
2. 启发儿童说一说芳芳和豆豆谁对、谁不对，为什么。
3. 问题讨论：怎样才能做到上学不忘记带作业、课本和文具呢？
4. 小结：每天上学前都要认真检查一遍书包。

三、联系自身，讨论交流。

1. 思考：你身边有谁会丢三落四？有什么后果？
2. 讨论：要怎样克服丢三落四的毛病？
3. 小结：在日常生活中，做事要细心，检查要仔细，才不会丢三落四。

活动资料

小熊上学（故事）

开学啦，小熊背着妈妈准备的书包准备上学去。出门前，妈妈提醒它：“今天要用的文具和书本你都带了吗？”小熊头也不回，不耐烦地说：“哎呀，带了，带了！”

快上课了，大家将书本和文具放在课桌上，小熊却手忙脚乱找不到课本，急得出了一身汗。老师问它：“你怎么没带书本呢？”小熊低头小声说：“对不起，我忘记了。”大家开始上课了，只有小熊一人没课本。

回家后，小熊把事情告诉妈妈。妈妈批评了它，并语重心长地说：“以后每天上学前都要认真检查一遍要带的文具和书本。”小熊难为情地说：“我以后不再丢三落四了。”

小猪买醋

活动目标

1. 理解故事内容，知道完成任务的重要性。

2. 能清晰、完整地讲述故事。

3. 培养初步的任务意识。

活动准备

物质准备：(1) 故事图片《小猪买醋》。(2)《学习品质与入学适应》第 12 页。

活动过程

一、欣赏故事。

教师借助图片讲述故事《小猪买醋》，提醒儿童倾听。

二、问题讨论，理解故事主要内容。

1. 问题 1：猪妈妈让胖小猪帮忙买醋，胖小猪为什么没完成任务？（胖小猪走到店里就忘了买什么，空着手回家了。）

2. 问题 2：第二次胖小猪买到醋了，可为什么还被妈妈批评？（胖小猪看到棉花糖就把醋丢在一边，吃着棉花糖回家了。）

三、观察画面，讲述故事。

1. 引导儿童观察《学习品质与入学适应》第 12 页画面内容，并在小组里与同伴相互讲述。

2. 请个别儿童在集体面前讲述故事《小猪买醋》。

3. 小结：胖小猪粗心大意，没完成妈妈交代的任务。

四、联系生活，交流讨论。

1. 问题 1：日常生活中，小朋友有做过和胖小猪一样的事吗？结果怎么样？

2. 问题 2：怎样才能完成家人和老师交代的任务呢？

3. 小结：别人交代的任务不能忘记，要认真完成。

五、延伸活动。

请家长有意识地布置给孩子一些小任务，观察、记录孩子完成任务的情况。

我当值日生

活动目标

1. 了解小学值日生的职责。

2. 培养热爱劳动的情感。

3. 学会分工合作完成值日生任务。

活动准备

物质准备：《学习品质与入学适应》第 13 页、第 14 页。

活动过程

一、谈话导入，引入课题。

1. 提问：你当过值日生吗？当值日生时要做什么？

2. 小结：值日生为班级和小伙伴们服务。在幼儿园里，值日生要给自然角的花草浇水，收拾整理玩具橱、活动区，进餐时帮老师摆放碗筷、收拾桌面等。

二、观察画面，讨论问题。

1. 引导儿童观察《学习品质与入学适应》第 13 页画面内容，并在小组里与同伴共同讲述。

（1）提问：小猴没有完成值日生任务，造成什么后果？

（2）小结：小猴没完成值日任务，害得小花枯死了、小猪踩到果皮摔倒了。

2. 引导儿童观察《学习品质与入学适应》第 14 页画面内容，并在小组里与同伴共同讲述。

（1）提问：如果你当小学值日生，你要怎么完成值日生任务？

（2）小结：提壶水浇花，洒水后扫地，桌椅摆整齐，窗户要关紧，记住倒垃圾，洗手再回家。

三、学习分工合作，当好值日生。

1. 提问：值日生有这么多的任务，能当值日生真了不起！怎样分工合作，才能完成值日生任务呢？

2. 小组合作演示值日生的工作场景，如 A 浇花、B 洒水、C 扫地、D 摆桌椅等。

3. 小结：事先商量好各自的任务，分工合作、坚持到底，就能完成好值日生任务。

专　注　力

找　异　同

活动目标

1. 能从类似的图片中找异同。

2. 发展观察力及有序寻找的能力。

3. 培养专注力。

活动准备

物质准备：《学习品质与入学适应》第 15 页、第 16 页。

活动过程

一、观察画面，找相同。

1. 引导儿童观察《学习品质与入学适应》第 16 页上半部分的画面内容。

引导语：请你们看看这幅图，并把一模一样的两个小熊找出来。

2. 引导儿童与同伴交流自己的观察结果。

3. 小结：只要认真仔细地观察，就能找出两个一模一样的小熊。

二、观察画面，找不同。

1. 引导儿童观察《学习品质与入学适应》第 16 页下半部分的画面内容。

引导语：大野狼来了，猪小弟赶快开门。请小朋友认真观察这两幅图有几处不同。

2. 引导儿童与同伴交流自己的观察结果。

3. 小结：这两幅图有五处不同。只要小朋友认真仔细地观察，就能找出不同的地方。

三、游戏：找一找。

1. 引导儿童观察《学习品质与入学适应》第 15 页上半部分画面。

引导语：有四个小朋友坐在船上钓鱼，他们都钓到了东西，谁钓到了什么东西？大家顺着线找一找，看谁找得又快又正确。

2. 儿童操作；教师观察儿童操作，并给予个别儿童适当的指导。

3. 引导儿童说说自己是怎么找到的。

4. 引导儿童观察《学习品质与入学适应》第 15 页下半部分画面。

引导语：刚才大家顺着线找，只要细心，就能找到。可下面这幅画里藏着一些动物，怎么才能发现它们并把它们找出来呢？

5. 引导儿童操作。

6. 讨论：在这幅图中找动物可要有办法，你用了什么办法？

7. 小结：所有动物的眼睛都很明显，先找到眼睛，再分辨动物的形状，就能找出动物了。

四、画一画，说一说。

1. 引导儿童把找到的动物的轮廓描出来，看看是什么动物，然后数一数有几只动物。

2. 引导儿童说说：你今天玩了什么游戏？你是怎么找的？

3. 小结：今天的游戏有一定的难度，但只要大家认真、仔细，按照一定的顺序或者一定的方法去找，就能完成游戏。

走 迷 宫

活动目标

1. 能专心参与活动，独立走完迷宫。

2. 培养专注力，体验成功的喜悦。

活动准备

物质准备：(1) 自制的各种不同的迷宫图人手一张，小礼物若干。(2)《学习品质与入学适应》第 17 页。

活动过程

一、谈话引入。

引导语：欢迎来到迷宫王国。今天迷宫王国的国王遇到困难了，有很多迷宫找不到出口，想请大家帮忙。等会儿每人选一个迷宫，比比看谁走得快。

二、分组操作。

1. 儿童人手一张迷宫图开始走迷宫，教师观察指导。

2. 交流：你走的是什么迷宫？是用什么方法走到出口的？

3. 小结：走迷宫时不仅眼睛要仔细观察，小手认真指着路线图，而且走的过程中要非常专心，这样才不会走错路哦。

三、迷宫比赛。

1. 引导语：迷宫王国的国王为了感谢大家帮他解决了困难，准备了很多小礼物，但不能直接送给大家哦，国王要举行一次走迷宫比赛，谁走得又专心又好，就可以把礼物带走了。

2. 儿童操作练习：引导儿童操作《学习品质与入学适应》第 17 页，根据要求走迷宫。

专心学习

活动目标

1. 懂得学习时要专心，才能学到本领。

2. 培养专心学习的好习惯。

活动准备

物质准备：《学习品质与入学适应》第 18 页、第 19 页。

活动过程

一、设置问题，自主阅读。

1. 引导语：小猫和妈妈到河边钓鱼，请小朋友猜一猜小猫能钓到鱼吗。请小朋友翻开《学习品质与入学适应》第 18 页，找一找答案。

2. 儿童自主阅读，教师观察指导。

3. 引导儿童与同伴交流自己的看法。

二、集中讨论，交流分享。

1. 讨论：小猫一开始为什么钓不到鱼？后来它为什么又钓到鱼了？

2. 小结：小猫只有专心才能钓到大鱼；我们学习的时候也要专心，才能学到本领。

三、观察画面，回答问题。

引导儿童观察《学习品质与入学适应》第19页，说说谁做得好、谁做得不好，为什么。

四、联系生活，展开讨论。

1. 提问：你平时有做事不专心的毛病吗？结果怎么样？

2. 小结：做事不专心，就一事无成。

3. 提问：有哪些好办法能克服不专心的毛病？

4. 小结：活动中认真听讲，学本领时将无关的东西拿走，给自己规定一个任务和完成的时间，这些都是克服做事不专心的好办法。

5. 想一想：在今后的学习中，我们应该怎样做？

6. 小结：在学习时，我们常常会遇到一些干扰，要学会控制自己，排除干扰，不做与学习无关的事，把全部的精力都集中在学习上。只有这样，才能养成专心学习的好习惯，把本领学扎实。

时 间 观 念

做事不磨蹭

活动目标

1. 初步树立时间观念，知道做事不磨蹭。

2. 能通过观察，明辨是非，掌握做事方法。

3. 体会一分钟的长短，懂得珍惜时间。

活动准备

物质准备：(1)《学习品质与入学适应》第20页、第21页。(2) 沙漏，穿珠、夹豆、拼图、搭积木等所需的材料。

活动过程

一、观察画面：东东为什么迟到？

1. 请儿童观察《学习品质与入学适应》第20页上半部分的画面，并和同伴交流自己的看法。

2. 集中交流讨论：东东为什么迟到？

3. 小结：东东不仅赖床，做事还磨蹭，所以上学迟到了。

二、观察画面：明明和娜娜去郊游。

1. 请儿童观察《学习品质与入学适应》第20页下半部分的画面，并和同伴交流自己的看法。

2. 集中交流讨论：明明和娜娜要参加学校的秋游，谁能赶上班车？为什么？

3. 小结：娜娜做事能抓紧时间，不磨蹭，所以能赶上班车，高高兴兴地和同学们一起去郊游；明明做事磨磨蹭蹭，浪费时间，所以赶不上班车，无法和同学们参加郊游。

三、联系生活，交流经历。

1. 提问：在日常生活中，你们有没有磨磨蹭蹭做事的经历，结果怎么样？

2. 引导儿童在小组里与同伴交流分享自己的经历。

3. 小结：磨蹭只会浪费时间，还做不好事情，要有时间观念哦。

四、出示沙漏，体会一分钟可以做什么。

1. 引导语：这个沙漏的沙落完是一分钟，我们来比一比，一分钟内小朋友能做多少事。

2. 提供穿珠、夹豆、拼图、搭积木等所需的材料，让儿童在一分钟内自由操作。

3. 引导儿童说一说自己在一分钟内完成了什么事情，例如穿了 10 个木珠子、搭建了 2 座房子、夹了 15 颗豆豆等。

4. 小结：一分钟很短，但是只要抓紧时间，同样也可以做很多事。

五、亲子作业。

请家长和孩子一起尝试一分钟时间可以做什么，并把试过后的事情画在《学习品质与入学适应》的第 21 页。

早读不迟到

活动目标

1. 了解小学早读的重要性，知道早读不能迟到。

2. 能合理安排时间，有计划地做事。

3. 学会珍惜时间，有初步的时间观念。

活动准备

物质准备：《学习品质与入学适应》第 22 页、第 23 页。

活动过程

一、早读图片引入。

1. 引导儿童观察《学习品质与入学适应》第 22 页上半部分画面。

2. 提问：小学生在做什么？早读对学生有什么帮助？

3. 小结：小学生在早读。早读能帮助我们把学过的知识记得更牢。

二、问题讨论。

1. 引导儿童观察《学习品质与入学适应》第 22 页下半部分画面。

2. 提问：壮壮为什么每天早读都迟到？为什么他的学习成绩总是不好？

3. 小结：壮壮生活习惯不好，没有时间观念，所以每天早读都迟到。因为他早读总是迟到，所以学习成绩不理想。

三、制订早读计划。

1. 引导语：请你为壮壮制订一份能准时参加早读的计划，提醒他不同时间段该做的事。

2. 引导儿童操作《学习品质与入学适应》第23页，为壮壮制订一份合适的早读计划，并与同伴交流。

3. 小结：珍惜时间不迟到，每天参加早读，学习才能更好。

条 理 性

先做什么，再做什么

活动目标

1. 懂得做事要按顺序来，知道先做什么、再做什么。

2. 培养做事有条理的好习惯。

活动准备

物质准备：(1)《学习品质与入学适应》第24页。(2) 小敏换衣、梳头、刷牙、洗脸、吃饭等图片。

活动过程

一、观察讲述，思考问题。

1. 引导儿童观察《学习品质与入学适应》第24页上半部分画面，说一说小敏先做什么事、再做什么事，结果怎么样。

2. 小结：小敏起床后先扎头发，接着吃早餐，然后洗脸、刷牙，最后换衣服，结果衣冠不整地到学校。

3. 启发儿童想一想、说一说小敏为什么会衣冠不整地到学校。

4. 小结：小敏因为没有按顺序做事情，所以没做好。做事情的时候，要想清楚先做什么、再做什么。

二、观察图片，思考排序。

1. 教师出示小敏换衣、梳头、刷牙、洗脸、吃饭等图片，引导儿童观察思考：小敏应该先做什么，再做什么？

2. 启发儿童自由交流后为图片排序。

三、联系生活，讨论交流。

1. 请儿童说一说生活中还有什么事情需要按顺序来做。

2. 小结：按条理来做事情，既能节约时间，又能把事情做得更好。

四、操作练习。

引导儿童观察《学习品质与入学适应》第 24 页下半部分画面，想一想欣欣打扫卫生应该先做什么、再做什么，并将欣欣打扫卫生的顺序用数字写在括号里。

东东做作业

活动目标

1. 知道小学生做作业的先后顺序。

2. 培养做事有条理的好习惯。

活动准备

物质准备：《学习品质与入学适应》第 25 页。

活动过程

一、观察画面，理解内容。

引导儿童观察《学习品质与入学适应》第 25 页的画面内容，启发儿童与同伴说一说图画上的内容。

二、集中讨论，交流看法。

1. 提问：东东做作业时，先做什么？再做什么？最后做什么？

2. 小结：东东做作业前先准备好文具，接着复习当天学习的内容，再浏览作业本，预估完成时间，然后认真写作业、自我检查，并预习明天要学习的内容，最后整理书包和桌面。

三、问题思考，加深理解。

1. 提问：东东这样有序地做作业的好处是什么？

2. 小结：做作业有序进行，不仅能有效利用时间，而且能提高学习效率。小朋友很快就要上小学了，要向东东学习，养成做作业有条理的好习惯。

坚　持　性

一定能学会

活动目标

1. 懂得坚持的重要性以及克服困难才能成功的道理。

2. 培养坚强的毅力和不怕困难的精神。

活动准备

物质准备：(1)《学习品质与入学适应》第 26 页。(2) 运动员坚持训练以及站在冠军领奖台上的图片数张。

活动过程

一、观察讲述，感知坚持的重要性。

1. 引导儿童观察《学习品质与入学适应》第 26 页，启发儿童与同伴讲述画面内容。

2. 问题讨论：小青蛙跟妈妈学捉害虫，为什么能成功？

3. 小结：小青蛙做事情有始有终，不怕困难，最终学会了捉害虫。

二、观察讨论，感受坚持不懈的精神。

出示运动员训练和领奖的图片，请儿童说一说图中是哪个项目的运动员、为什么能得冠军，让儿童感受坚持不懈的精神。

三、回顾生活，讲述自己坚持的经历。

1. 引导语：小朋友，你有没有因为坚持到底最后获得成功的经历？请你说出来和大家分享。

2. 小结：不管学什么都要有始有终。只要坚持到底，就一定能成功。

爱 护 公 物

爱护学校公物

活动目标

1. 了解什么是公物，知道爱护公物的重要性。

2. 培养爱护公物的良好习惯。

活动准备

物质准备：(1)《学习品质与入学适应》第 27 页。(2) 被损坏的玩具、桌椅等的图片。

活动过程

一、观察被损坏的玩具和桌椅等的图片。

1. 提问：你看到了什么？这些玩具和桌椅怎么啦？

2. 讨论：玩具和桌椅的损坏会给我们活动带来哪些不便？

3. 小结：幼儿园的玩具和桌椅，是我们大家共同拥有的，叫作公物。玩具和桌椅能让我们愉快地游戏和学本领，我们要爱护它们。

二、交流、讨论怎样爱护玩具和桌椅。

1. 儿童互相交流、讨论：我们应该怎样爱护玩具和桌椅呢？

2. 小结：玩具轻拿轻放；保持桌面整洁、不乱刻画，椅子坐稳不晃。

三、拓展思维，进一步认识公物。

1. 提问：除了玩具和桌椅以外，幼儿园里还有哪些公物呢？

2. 小结：幼儿园里的滑滑梯、秋千以及花草树木等也是公物，它们也需要我们大家爱护。

四、操作练习，判断对错。

引导儿童操作《学习品质与入学适应》第 27 页，判断图中的小朋友谁做得对、谁做得不对。

五、交流、讨论怎样爱护公物。

1. 提问：我们怎样做一个爱护公物的文明小天使呢？

2. 小结：不乱涂、乱刻、乱画墙壁、门窗和桌椅等；节约用电，做到人走灯灭；不浪费水，用完后立即关好水龙头；爱护图书、画报等，不乱写、乱画、乱撕；爱护玩具和户外活动设施，文明操作；爱护草坪、花坛、树木，做到不踩、不攀、不折、不摘……

自我保护

过马路看信号灯、走斑马线

活动目标

1. 认识交通信号灯的作用，懂得过马路要走斑马线。

2. 知道遵守交通规则的重要性。

活动准备

物质准备：(1) 红绿灯及斑马线图片、交通事故相关图片。(2)《学习品质与入学适应》第 28 页。

活动过程

一、信号灯、斑马线图片导入，激发兴趣。

1. 提问：这是什么？红、黄、绿三个颜色分别代表什么意思？斑马线有什么用？

2. 小结：交通信号灯的红、黄、绿三个颜色分别代表不能通行、警告和可以通行，斑马线能让人们安全过马路。

二、观看交通事故图片，了解遵守交通规则的重要性。

1. 提问：小朋友为什么会被车撞倒？（过马路没有走斑马线。）小朋友为什么走斑马线了还是被车撞倒？（闯红灯。）

2. 小结：不遵守交通规则，就会有危险。

三、观察画面，判断对错。

1. 引导儿童观察《学习品质与入学适应》第 28 页，启发儿童与同伴讲述画面内容，并说一说、议一议谁对谁错以及为什么。

2. 小结：小朋友在上学和放学的路上，过马路要走斑马线或人行天桥，要注意红灯停、绿灯行。只有遵守交通规则，才能保护生命安全。

不轻信陌生人

活动目标

1. 知道不能轻信陌生人的话，不跟陌生人走。

2. 建立初步的防范意识，培养思考问题、解决问题的能力。

活动准备

物质准备：《学习品质与入学适应》第 29 页。

活动过程

一、观察画面，设疑引题。

1. 引导儿童观察《学习品质与入学适应》第 29 页第一幅图，启发儿童与同伴讲述图面内容。

2. 讨论：放学路上，红红遇到一个陌生人走过来问路，红红摆摆手，转身回家。红红这样做对吗？为什么？

3. 小结：红红是对的，不能轻信陌生人的话。

二、观察图片，判断是非。

1. 引导儿童观察《学习品质与入学适应》第 29 页第二幅图：东东和明明在放学路上遇到一个陌生阿姨，请他们帮忙寻找丢失的钱包。东东说不能去，明明说应该帮助别人。

2. 讨论：明明应该和陌生人去吗？如果明明跟陌生人去可能会发生什么事情？

3. 小结：遇到陌生人时，不能轻易相信陌生人，更不能跟陌生人走。

三、情景模拟：怎么辨别陌生人。

1. 场景模拟 1：一个陌生阿姨敲门进教室，对某儿童说："我是你妈妈的朋友，她今天没空，让我来接你回家，你跟我走吧……"

提问：如果你不认识她，能不能相信她的话？应该对这位陌生阿姨说什么？

2. 场景模拟 2：陌生阿姨对该儿童说："你跟阿姨回家吧，阿姨给你吃巧克力。"

提问：陌生人给你的东西能不能吃？为什么不能吃？

3. 小结：陌生人可能是坏人，坏人会用好吃的食物、有趣的玩具引诱小孩，或者说好听的话骗小孩，所以我们不能随便相信陌生人的话，更不能跟陌生人走。

上放学路上要注意安全

活动目标

1. 知道上放学路上要注意安全。

2. 增强自我保护的意识。

3. 体验参与情境表演的乐趣。

活动准备

经验准备：儿童有过马路的经验，懂得基本的交通规则。

物质准备：《学习品质与入学适应》第 30 页。

活动过程

一、观察画面，判断是非。

1. 引导儿童观察《学习品质与入学适应》第 30 页，启发儿童与同伴讲述图面内容。

2. 讨论：他们在上放学的路上做什么？这样做对吗？为什么不对？应该怎样做？

3. 小结：上放学路上要注意安全，不在路上玩耍、追逐打闹，不吃路边卖的食物，不在街上逗留，要快步走回家。

二、学习儿歌，巩固经验。

安 全 歌

小朋友，请记住，交通安全很重要：
红灯停，绿灯行，过马路，要看清。
一站二看三过路，不急不抢快步过。
马路不是游戏场，走路要走人行道。
走路不看书和报，车前车后不乱跑。
翻越护栏太危险，斑马线上可通行。
交通标志牢牢记，人人遵守保安宁。

三、情境表演：放学路上。

1. 请事先排练好的儿童示范表演：放学路上，明明一边踢球一边跑，走到十字路口也没看红灯就要过去。红红及时拉住他，提醒他注意交通安全。明明不好意思地摸摸头，把球收起来，专心过马路。

2. 鼓励儿童自主结合，分成若干小组，设计剧情，扮演角色，自主表演“放学路上”。

3. 小结：孩子们，为了防止受伤害，请珍惜宝贵的生命，路上一定要把交通安全记在心中，一定要遵守交通规则，希望大家都能成为遵守交通规则的小模范。

友 好 相 处

与同学友好相处

活动目标

1. 初步学会交往技能及与同学友好相处的方法。

2. 体验与同伴互相关心和互相帮助所带来的快乐。

活动准备

物质准备：《学习品质与入学适应》第 31 页。

活动过程

一、故事导入，引发问题讨论。

1. 讲述故事《小黑猪噜噜》第一段，提醒儿童认真倾听。

2. 提问：小黑猪和小伙伴玩得开心吗？为什么？

3. 启发儿童议一议、说一说小黑猪应该如何改正错误、和朋友友好地相处。

4. 继续讲述故事的余下部分，并小结：和朋友一起玩要文明礼貌地交流，友好地和同伴一起游戏，这样才会有更多的朋友一起游戏，才会更快乐！

二、观察画面，学习友好相处的方法。

1. 引导儿童观察《学习品质与入学适应》第 31 页，启发儿童与同伴讲述图面内容。

2. 集中交流：他们是怎样和同学友好相处的？

3. 小结：原来和同学友好相处的方法有很多——关心同伴，懂得谦让，学会分享，讲文明懂礼貌等。这些方法能让我们获得更多的快乐，交到更多的好朋友。

三、联系实际，交流分享。

1. 启发儿童结合自身生活经验，与同伴交流、分享自己做过哪些友好相处的事。

2. 小结：有朋友是一件很开心的事情。与朋友、同学友好地游戏，一起学习，一起合作，你会收获更多的快乐哦。

活动资料

小黑猪噜噜（故事）

有一天，小黑猪噜噜想去找朋友玩，走了一会儿看见小兔、小鸡和小狗在草地上踢足球。噜噜兴冲冲地跑上前去，一边说：“我也要一起玩！我也要一起玩！”一边抢过足球，把球踢得老远，兴奋得直拍手。小伙伴们很生气，纷纷扭头走掉了。噜噜大喊：“别走别走！你们快回来和我一起玩啊！”结果小伙伴们不理它，噜噜很难过地回家了。

到家后，噜噜把今天的遭遇告诉妈妈，妈妈问它：“如果你在玩得正开心的时候有人把你的玩具抢走了，你会怎么样？”噜噜说：“这样我会生气的。”妈妈语重心长地摸着噜噜的头：“是啊，你的小伙伴们当然也会生气啊，你没有好好商量，二话不说地抢走足球，它们当然不跟你玩了。明天你带着足球重新去邀请它们吧。”

第二天，噜噜带着足球分别到小兔、小鸡和小狗家道歉：“对不起，昨天我不该抢你们的球，请问你愿意和我一起玩吗？”小伙伴们原谅了噜噜，大家一起在草地上踢足球，玩得真开心！

求助他人

请帮帮我

活动目标

1. 知道遇到困难要主动求助。

2. 学会用正确的方法求助。

活动准备

物质准备：《学习品质与入学适应》第 32 页。

活动过程

一、观察画面，学习正确的求助方法。

1. 引导儿童观察《学习品质与入学适应》第 32 页，启发儿童与同伴讲述图面内容。

2. 集中交流：图上有谁？他们遇到了什么困难，是怎样做的？

3. 小结：遇到困难时，可以主动向别人求助。

二、情境表演，游戏体验。

1. 示范表演。

(1) 情境表演 1：美美在绘画活动中没有彩色铅笔，举手向老师求助。

(2) 情境表演 2：冬冬跑步摔倒，爬不起来，大声呼叫同学。

2. 引导儿童结合自己的生活经验，以小组为单位，自编主题，自主表演。

3. 小结：在学习和生活中遇到困难，要大胆向老师、同学等身边的人求助，请他们帮助你。

主动助人

我来帮你

活动目标

1. 知道当别人遇到困难时，要主动帮助别人。

2. 知道帮助他人可以给自己带来快乐。

活动准备

物质准备：《学习品质与入学适应》第 33 页。

活动过程

一、观察画面，引入课题。

1. 引导儿童观察《学习品质与入学适应》第33页，启发儿童与同伴说一说图面内容。

2. 集中交流：图上有谁，发生了什么事？他们是怎样帮助别人的？

3. 小结：当别人遇到困难时，要主动帮助他。

二、联系生活，讨论交流。

1. 提问：在日常生活中，你有主动帮助过他人吗？是怎么帮助的？

2. 小结：当遇到别人有困难，而且自己有能力帮助他时，我们就要主动帮助他。

3. 讨论：帮助别人后你有什么感受？

4. 组织儿童相互交流自己的经历和感受。

5. 小结：帮助别人，也能给自己带来快乐。

三、模拟互帮，加深体验。

组织儿童开展互相帮助的模拟活动，例如互相梳头、卷袖子、扣纽扣等，进一步体验帮助别人给自己带来的快乐。

自 理 能 力

自己的事情自己做

活动目标

1. 知道自己长大了，自己的事情应该自己做。

2. 体验自我服务的快乐。

活动准备

物质准备：(1)《学习品质与入学适应》第34页。(2) 穿衣比赛和穿鞋比赛的材料。

活动过程

一、观察画面，理解内容。

1. 引导儿童观察《学习品质与入学适应》第34页，启发儿童与同伴说一说图面内容。

2. 组织集中交流：图上有谁？他们在做什么事？

3. 小结：他们很能干，能自己穿衣、吃饭，能自己整理书包和书桌，还能自己洗袜子和叠被子。

二、联系生活，讨论交流。

1. 引导语：想一想，你会做哪些事？

2. 鼓励儿童用绘画的方式把自己能做的事表现出来。

3. 引导儿童与同伴交流分享。

4. 小结：小朋友都长大了，快上小学了，自己能做的事情应该自己做。

三、开展比赛，实践体验。

1. 穿衣比赛：分别请6～8名儿童参加穿衣比赛，看谁穿得又快又整齐。

2. 穿鞋比赛：分别请6～8名儿童参加穿鞋比赛，看谁穿得又快又准确。

小 帮 手

我是老师的小帮手

活动目标

1. 愿意为老师做力所能及的事情，学习做老师的小帮手。

2. 体验帮助老师的快乐，养成良好的劳动习惯。

活动准备

物质准备：《学习品质与入学适应》第35页。

活动过程

一、观察画面，交流讨论。

1. 引导儿童观察《学习品质与入学适应》第35页，启发儿童与同伴讲述图面内容。

2. 集中交流：图中的小学生们帮老师做了什么事？

3. 小结：小学生们爱劳动，能主动帮助老师做力所能及的事。

二、问题讨论，经验迁移。

1. 引导语：如果你们上小学了，可以帮老师做哪些力所能及的事情呢？

2. 引导儿童与同伴交流，鼓励儿童大胆表述自己的想法。

3. 小结：小朋友们真懂事，都想帮助老师做力所能及的事，老师好开心呀！

三、情境再现，实践体验。

1. 引导儿童谈一谈教学老师、生活老师日常的工作及劳动的辛苦，启发儿童想一想、说一说应该怎样帮助她们。

2. 引导儿童分工合作、分组帮助老师做力所能及的事，如：画画前帮助老师铺桌布、分好美术材料，游戏结束时帮老师检查各个活动区的玩具和材料是否放回原位、摆放整齐，吃饭前帮助生活老师擦桌子、分盘子、分毛巾、分筷子等。

3. 小结：小朋友真能干，能帮助老师做这么多事，真是老师的小帮手。

我是爸爸妈妈的小帮手

活动目标

1. 知道哪些事情属于“爸爸妈妈的小帮手”行为。

2. 愿意为家庭服务，体验劳动的乐趣。

活动准备

经验准备：活动前儿童已在家观察和采访父母，了解父母工作的辛苦。

物质准备：(1) 录音："哈哈，宝贝，你真是爸妈的好帮手!"(2) 一组用于判断对错的图片、哭脸贴、笑脸贴。(3) 实物：衣服、豆角、鞋子、鞋带、扫把、簸箕、碗筷等。(4)《学习品质与入学适应》第 36 页。

活动过程

一、问题激趣，引入课题。

1. 引导语：小朋友，你们听，这是谁在说话呢？

2. 播放录音："哈哈，宝贝，你真是爸妈的好帮手!"

3. 引导语：这是谁对谁说的话？在什么情况下爸爸妈妈会对宝贝说这样的话呢？

4. 启发儿童想象这句话背后的故事，并和同伴说一说自己的猜想。

5. 小结：原来，当我们帮爸爸妈妈做事的时候，爸爸妈妈就会夸奖我们是他们的好帮手。

二、观察图片，判断对错。

1. 出示一组用于判断对错的图片。

图片 1：小红给刚下班的妈妈倒水喝。

图片 2：妈妈喊小明吃饭，小明却只顾着看电视，不搭理妈妈。

图片 3：小华给坐在沙发上的爸爸捶背。

图片 4：在上学的路上，爸爸给小飞拿书包。

2. 提问：你觉得图中哪些小朋友的做法是正确的？哪些小朋友的做法是错误的？为什么？

3. 小结：爸爸妈妈工作十分辛苦，小朋友应该学会自己的事情自己做，减少爸爸妈妈的负担，还可以帮助他们做一些力所能及的事。

三、实践操作，体验快乐。

1. 引导语：小朋友都愿意当爸爸妈妈的小帮手，非常棒！现在请小朋友练习当爸爸妈妈小帮手的本领。

2. 介绍分组操作内容：叠衣服、剥豆角、穿鞋带、扫地、摆碗筷。

3. 引导儿童自行选择劳动小组，动手实践。

四、延伸活动。

1. 引导儿童制订"我为家里做点事"的计划，家园合作，督促儿童完成计划。

2. 请家长与孩子一同完成《我是爸爸妈妈的小帮手》第 36 页。

学 会 计 划

入学前的暑假计划

活动目标

1. 萌发参加暑假活动的兴趣。

2. 进一步加深对挂历上的日期的认识。

3. 增强口语表达能力。

活动准备

物质准备：(1) 一块离园倒计时的版面，7 月和 8 月的月历各一张。(2)《学习品质与入学适应》第 37 页。

活动过程

一、谈话导入，引入课题。

1. 引导语：小朋友们，看看咱们班的离园倒计时版面，离我们大班毕业离园还剩下几天呢？

2. 引导语：是呀，还剩下×天我们就要毕业离园、过暑假了，过完暑假就要上小学啦。上小学前，小朋友要做哪些准备？今天，我们就一起来谈谈你们的暑假计划吧！

二、观察月历，感知暑假时间。

1. 出示 7 月和 8 月的月历，引导儿童一起数一数暑假共有多少天。

2. 小结：7 月和 8 月一样，都有 31 天，两个月加起来一共有 62 天的时间。

三、交流讨论，畅谈暑假打算。

1. 引导语：暑假这么长的时间，你准备做哪些事情？有什么暑假计划吗？小朋友可以和你旁边的伙伴说一说。

2. 鼓励儿童和同伴相互交流彼此的暑假计划。

3. 小结：暑假两个月的时间除了和爸爸妈妈一起去旅游，还可以做许多有意义的事情。

四、提出问题，引发讨论。

1. 引导语：暑假结束后，小朋友就要上小学了。所以暑假里还需做哪些准备？

2. 引导儿童观察《学习品质与入学适应》第 37 页，启发儿童通过画面了解上小学前不仅要准备各种文具，还要多看书、多锻炼身体。

暑假的作息

活动目标

1. 知道怎样合理安排自己的作息时间。

2. 能用绘画形式表现一日作息计划。

活动准备

经验准备：儿童已经和同伴交流畅谈了自己的暑假打算。

物质准备：(1) 水彩笔人手一支，"一日时间计划表"人手一张，展示板一块。(2)《学习品质与入学适应》第 38～40 页。

活动过程

一、观察画面，判断对错。

1. 引导儿童观察《学习品质与入学适应》第 38 页，启发儿童说一说天天和聪聪是怎样过暑假的，谁对、谁不对，为什么。

2. 小结：暑假里也要按时作息，不能暴饮暴食，要多运动。

3. 引导儿童观察《学习品质与入学适应》第 39 页，启发儿童说一说天天制订的暑假作息合理不合理，为什么。

4. 小结：运动时间太长，身体会觉得太累。可以上午安排学习或安静的游戏，下午安排运动。

二、合理安排，制订作息时间。

引导语：请小朋友为自己制订暑期一日生活的作息时间表。

1. 启发儿童想一想、说一说早上该几点起床、吃完早餐后做些什么、中午几点入睡、下午几点起床、起床后做些什么、晚餐后做些什么、几点入睡等。

2. 提供“一日时间计划表”，请儿童用绘画的形式表现出来。

三、展示作品，交流分享。

1. 请儿童把“一日时间计划表”张贴在展示板上。

2. 引导儿童互相观看，说一说、议一议谁制订的暑假计划比较合理。

四、亲子作业。

翻开《学习品质与入学适应》第 40 页，请家长和孩子一起制订暑假里一天的作息时间表。

阅读与书写

读书、写字的姿势

活动目标

1. 学会用正确的姿势阅读和书写。
2. 养成良好的阅读和书写习惯。
3. 喜欢学儿歌。

活动准备

物质准备：《阅读与书写》第 1 页。

活动过程

一、观察画面，了解正确的阅读姿势。

1. 引导儿童观察《阅读与书写》第 1 页第一幅图。
2. 提问：图上的小学生是怎样看书的？
3. 小结：头正、背直、脚平放，眼睛离书一尺远。
4. 请个别儿童示范正确的阅读姿势。
5. 请全班儿童模仿正确的阅读姿势。

二、学习儿歌，进一步学习正确的阅读姿势。

小朋友，爱读书，
读书姿势要做到：
头正、背直、脚平放，
眼睛离书一尺远。

三、观察画面，了解正确的握笔姿势。

1. 引导儿童观察《阅读与书写》第 1 页第二幅图。
2. 提问：图上的小学生是怎样握笔的？
3. 教师示范正确的握笔姿势。
4. 请全班儿童模仿正确的握笔姿势，教师观察指导。

四、学习儿歌，进一步学习正确的握笔姿势。

拇指食指捏着，
三指四指靠着，
最后一指藏着，
笔尖向前斜着，
笔杆向后靠着，
请跟我握一握。

有趣的数字

认识汉字“一”至“十”

活动目标

1. 认识汉字“一”至“十”，并理解其意义。

2. 培养对文字的兴趣，提高语言表达能力。

活动准备

物质准备：(1) 人手一套“1”至“10”数字卡、汉字“一”至“十”汉字卡。(2)《阅读与书写》第2页。

活动过程

一、情境图引入。

1. 请儿童观察《阅读与书写》第2页的图片：今天，小动物们和我们玩捉迷藏，躲在这幅图里，大家看看它们藏在哪里、每种动物各有多少。

2. 根据儿童的回答出示相应的数字卡，并用儿歌小结。

一头牛，二匹马，三只小羊找妈妈。
四只鸡，五只鸭，六只小鸟叫喳喳。
七条鱼，八只虾，九条小虫慢慢爬。
十个字，真有趣，小朋友们笑哈哈。

3. 引导儿童学习儿歌。

二、认识汉字“一”至“十”。

1. 出示汉字卡：今天数字宝宝要介绍它们各自的好朋友给我们认识，大家看看，你认识谁？

2. 汉字与数字配对：每个数字宝宝都有自己的朋友，想请大家来帮它们找一找，看谁找得又快又对。

3. 提供人手一套的汉字卡和数字卡，引导儿童动手配对，教师观察指导。

4. 认读汉字“一”至“十”：谁认识这些新朋友？请为我们介绍一下吧。

5. 小结：这是汉字“一”至“十”，和我们认识的数字“1”至“10”是一样的，都代表数量。

三、操作练习。

引导儿童操作《阅读与书写》第2页的“连一连”，根据要求连线。

五　指　歌

活动目标

1. 能正确、流利地朗读儿歌。

2. 认识田字格，能照着田字格里的范字正确、规范地书写生字“一”“二”“三”“四”“五”。

活动准备

物质准备：《阅读与书写》第 3 页。

活动过程

一、观察画面，学习儿歌。

1. 引导儿童观察《阅读与书写》第 3 页的图片，启发儿童与同伴说一说图上有什么动物、有几只。

2. 教师朗诵儿歌《五指歌》。

五　指　歌

一二三四五，上山打老虎。

老虎没打到，打到小松鼠。

松鼠有几只？让我数一数。

数来又数去，一二三四五。

3. 引导儿童边看书，边朗读儿歌《五指歌》。

二、学写生字。

1. 认识田字格。

（1）在黑板上画一个田字格，引导儿童观察。

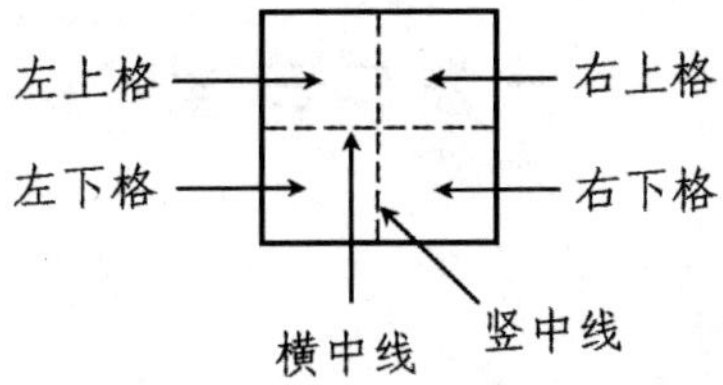

（2）引导儿童认识田字格：田字格中有横中线和竖中线，两条线的十字交叉又构成了左上格、左下格、右上格、右下格。

（3）引导儿童拍手读儿歌：“田字格，四方方，写好汉字它来帮。左上格、右上格、左下格、右下格，横中线、竖中线，各个方位记心间。”

2. 学写生字“一”。

（1）出示带田字格的“一”字，请儿童观察“一”在田字格中的位置。

（2）教师示范书写，请儿童观察教师书写时的运笔过程。

（3）引导儿童在《阅读与书写》“描一描，写一写”中描、写“一”字。教师巡视，个别辅导，纠正儿童握笔和写字姿势。

3. 学写生字“二”和“三”。

（1）出示带田字格的“二”字，请儿童观察“二”在田字格中的位置。

（2）教师示范书写，请儿童观察教师书写时的运笔过程。

（3）引导儿童在“描一描，写一写”中描、写“二”字。

（4）引导儿童按上面的学习方法自学“三”字。在写之前，让儿童知道书写时要按照先上后下的笔顺规则；然后再让儿童观察“三”的三条横有什么不同。

4. 学写生字“四”。

（1）出示带田字格的“四”字，请儿童观察“四”在田字格中的位置。

（2）请儿童跟着教师书空“四”字，启发儿童边书空边说笔画。教师要特别强调书写“四”的第二笔时“横折钩”是一笔，不是“横”和“竖钩”两笔；此外，“横折钩”的“钩”要小，能体现出运笔即可。

（3）让儿童边写边悟出“四”的笔顺规则是“先外、后内、再封口”。

（4）引导儿童在“描一描，写一写”中描、写“四”字。

5. 学写生字“五”。

（1）出示带田字格的“五”字，让儿童观察“五”每一笔的占格位置，请儿童说一说。

（2）教师示范书写，强调第二笔“竖”要写得稍斜一点。

（3）引导儿童在“描一描，写一写”中描、写“五”字。

活动建议

教师示范讲解汉字书写时，要渗透笔画的介绍与书写以及笔顺的规律讲解，并注意观察和纠正儿童的握笔、写字姿势和笔画的先后顺序。（以下的书写教学中均应注意反复强调。）

一去二三里

活动目标

1. 能按一定的顺序观察图画。

2. 学会“六”“七”“八”“九”“十”5个生字的基本笔画并能正确书写。

3. 能正确、流利地朗读儿歌。

活动准备

物质准备：（1）“一”至“十”生字卡片。（2）《阅读与书写》第4页、第5页。

活动过程

一、观察画面，理解古诗内容。

1. 引导儿童观察《阅读与书写》第4页的图片，启发儿童有序地观察画面。

2. 提问：这幅图的远处有什么？近处有什么？

3. 小结：远处有房子、亭子、山和鸟儿，近处有一个孩子和几朵花。这幅图藏着一首好听的古诗，古诗的名字叫《一去二三里》。

二、学习古诗。

1. 教师朗诵古诗，强调“一去”“烟村”“亭台”“八九”后面要停顿。

一去二三里

一去二三里，

烟村四五家，

亭台六七座，

八九十枝花。

2. 教师与儿童一起边看书边朗诵古诗。

3. 分组朗读，提醒儿童把字音读准确，并读出感情。

三、学认生字。

1. 学读字音。

（1）启发儿童读儿歌，用“△”画出生字“六”“七”“八”“九”“十”。

（2）引导儿童与同伴互读生字，比比谁读得最准确。

（3）抽读“一”至“十”生字卡片，教师注意纠正儿童的不准确发音，如“二”（èr）的发音。

2. 了解字义。

（1）出示“六”“七”“八”“九”“十”的生字卡片，启发儿童说一说这几个字表示什么，让儿童知道这些生字表示数量。

（2）引导儿童分别用这些字练习口头组词、说句，加深对字义的理解。

四、学写生字。

1. 学写生字“六”。

（1）出示带田字格的“六”字，请儿童观察“六”在田字格中的位置。

（2）教师范写，提示：第一笔“点”写在竖中线上，起笔要轻，收笔时轻轻顿一下；第二笔“横”写在横中线上边一点；第三笔“撇”、第四笔“点”分别写在竖中线两侧，起笔、收笔大致要对齐。教师可在起笔和收笔处轻轻画两条横线，表示要对齐。引导儿童注意第四笔“点”与第一笔“点”有所不同。

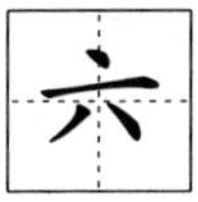

（3）引导儿童在《阅读与书写》的“描一描，写一写”中描、写“六”字。

2. 学写生字“七”。

（1）出示带田字格的“七”字，引导儿童观察“七”字的占格位置，并观察“七”的横与“五”的横有什么不同。

（2）教师示范书写，请儿童观察教师书写时的运笔过程；强调第二笔竖弯钩的“竖”不要写得太长。

（3）引导儿童在“描一描，写一写”中描、写“七”字。

3. 学写生字“八”。

（1）出示带田字格的“八”字，请儿童观察“八”在田字格中的位置。

（2）引导儿童观察教师范写，教师提示：第二笔“捺”，起笔在左上格，起笔要轻，收笔时轻轻顿一下再拉出捺脚；注意“撇”和“捺”收笔处应在一条线上。

（3）请儿童跟着教师书空“八”字，启发儿童边书空边说笔画笔顺。教师注意强调写“八”是先左后右。

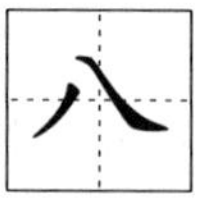

（4）引导儿童在“描一描，写一写”中描、写“八”字。

4. 学写生字“九”。

（1）出示带田字格的“九”字，让儿童观察“九”每一笔的占格位置，请儿童说一说。

（2）教师示范书写，请儿童观察教师书写时的运笔过程，注意先写“撇”，“横折弯钩”起笔后先向右上方运笔，折后向下，稍左运笔，弯要有弧度，钩要小。

（3）引导儿童在“描一描，写一写”中描、写“九”字。

5. 学写生字“十”。

（1）出示带田字格的“十”字，让儿童观察“十”每一笔的占格位置，请儿童说一说。

（2）教师示范书写，强调“十”是先横后竖。

（3）引导儿童在“描一描，写一写”中描、写“十”字。

五、亲子作业。

请家长指导孩子完成《阅读与书写》第 5 页的练习。

我的身体

脸上有什么

活动目标

1. 认识“人”“目”“耳”“口”“手”“足”6 个生字，并理解其意思。

2. 学会“人”“目”“耳”“口”4 个生字的基本笔画并能正确书写。

3. 初步了解汉字的由来，培养对文字的兴趣。

活动准备

物质准备：（1）人的图片，汉字演变视频，字卡每组一套，与字卡相配匹的图卡一套。（2）《阅读与书写》第 6 页、第 7 页。

活动过程

一、出示图片，引入活动。

1. 教师出示人的图片，引导儿童观察。

提问：这是什么？人的身上有哪些部位？这些部位长什么样？

2. 小结：人身上的部位有五官、四肢，各有各的用处，缺一不可。

二、了解汉字的演变。

1. 引导儿童观察《阅读与书写》第 6 页画面内容，启发儿童看一看，说一说图、古老的字形和今天的字形有什么异同。

2. 播放视频，引导儿童了解汉字演变的过程。

3. 小结：最初人们还不会写字，想告诉别人就用画画的方式，后来就有了像画一样的字形，最后慢慢演变成我们现在学习和使用的汉字。

三、认识“人”“目”“耳”“口”“手”“足”6 个生字。

1. 出示字卡，提问：大家观察一下，“人”“目”“耳”“口”“手”“足”这几个汉字看起来像我们身体的哪个部位呢？请把它们贴在人体图的相应位置。

2. 引导儿童分组操作，把 6 张字卡分别贴在人体图相应的部位，教师观察指导，并请儿童在小组里与同伴认一认、读一读。

3. 教师逐一出示字卡，引导儿童认读 6 个生字，并分别进行组词、造句。

4. 游戏“找朋友”：教师发给儿童 6 张生字卡片和 6 张与生字匹配的图卡，做“找朋友”游戏。例如，一个儿童拿着“目”字的卡片来到讲台，说：“我是眼睛的目，谁是我的好朋友？”手里拿着“眼的图卡”的儿童边说边走到讲台：“我是目，我是你的好朋友。”然后两个儿童把字卡和图卡贴在黑板上。

四、学写生字。

1. 学写生字“人”。

（1）出示带田字格的“人”字，请儿童观察“人”在田字格中的位置。

（2）教师示范书写，请儿童观察教师书写时的运笔过程。

（3）提醒儿童记忆笔画“撇”和“捺”；可以用手势记忆，即左右手心相对，左手在上，右手在下就是“人”字。

（4）引导儿童在《阅读与书写》“描一描，写一写”中描、写“人”字。

2. 学写生字“耳”。

（1）出示带田字格的“耳”字，请儿童观察“耳”在田字格中的位置。

（2）教师示范书写，请儿童观察教师书写时的运笔过程；提醒儿童：整体外形稍窄，上紧下松，四横平行，间距相等，右竖直挺有力。

（3）引导儿童在“描一描，写一写”中描、写“耳”字。

3. 学写生字“目”。

（1）出示带田字格的“目”字，请儿童观察“目”在田字格中的位置。

（2）教师示范书写，请儿童观察教师书写时的运笔过程；提醒儿童：整体呈窄长，横画平行等距，右竖略长。

（3）引导儿童在“描一描，写一写”中描、写“目”字。

4. 学写生字“口”。

(1) 出示带田字格的“口”字，请儿童观察“口”在田字格中的位置。

(2) 教师示范书写，请儿童观察教师书写时的运笔过程；提醒儿童：字形上稍宽下稍窄，下部略收。

(3) 引导儿童在“描一描，写一写”中描、写“口”字。

五、亲子作业。

请家长指导孩子完成《阅读与书写》第7页中的“画一画”，为图中的小朋友画上漂亮的五官。

小手和小脚

活动目标

1. 能正确、流利地朗读儿歌。

2. 初步认识“举”“抱”“转”“藏”“踮”“踢”“跳”“跑”8个生字。

3. 学会“手”“足”2个生字的基本笔画并能正确书写。

活动准备

物质准备：《阅读与书写》第8页。

活动过程

一、观察画面，理解内容。

1. 引导儿童观察《阅读与书写》第8页的画面。

2. 集体交流：图上有谁？他们在做什么动作？

3. 小结：小朋友们在做有关手和脚的各种动作。

二、学习朗读儿歌《小手和小脚》。

1. 教师朗读儿歌，引导儿童边看图边倾听。

小手和小脚

小手小手拍拍，我的小手举起来。
小手小手拍拍，我的小手抱起来。
小手小手拍拍，我的小手转起来。
小手小手拍拍，我的小手藏起来。
小脚小脚踏踏，我的小脚踮起来。
小脚小脚踏踏，我的小脚踢起来。
小脚小脚踏踏，我的小脚跳起来。
小脚小脚踏踏，我的小脚跑起来。

2. 提问：你们从儿歌里听到什么？

3. 教师结合儿童的回答引出“举”“抱”“转”“藏”“踮”“踢”“跳”“跑”等动词，并启发儿童用动作表达。

4. 教师大声朗读儿歌，儿童边看书边小声跟读。

5. 儿童与同伴互读，并用“△”画出儿歌的动词。

6. 全体儿童看书齐读儿歌。

三、学写生字。

1. 学写生字“手”。

(1) 出示带田字格的“手”字，请儿童观察“手”在田字格中的位置。

(2) 教师示范书写，请儿童观察教师书写时的运笔过程。

手：第一笔是“撇”，较为短小；第二笔是“横”，形不宜长；第三笔是“横”，较第二笔长；第四笔是“弯钩”，轻笔斜入，形如弯弓，出钩勿长。

(3) 引导儿童在“描一描，写一写”中描、写“手”字。

2. 学写生字“足”。

(1) 出示带田字格的“足”字，请儿童观察“足”在田字格中的位置。

(2) 教师示范书写，请儿童观察教师书写时的运笔过程。

足：上半部分的“口”，上稍宽下稍窄；第四笔是“竖”，较为短小；第五笔是“横”，宜短；第六笔是“撇”，第七笔是“捺”，注意撇短捺长，撇收捺展，中心紧凑，稳住重心。

(3) 引导儿童在“描一描，写一写”中描、写“足”字。

六个朋友回家

活动目标

1. 理解图片中故事情节的发展过程，能清晰、连贯地讲述几幅画面的内容。

2. 培养先看图再讲述的好习惯。

3. 认读词语：眼睛、鼻子、耳朵、嘴巴、手、脚。

活动准备

物质准备：(1)《阅读与书写》第 9 页。(2)“眼睛”“鼻子”“耳朵”“嘴巴”“手”“脚”的图卡和字卡各一套。

活动过程

一、观察画面，自主讲述。

1. 请儿童翻开《阅读与书写》第 9 页，观察画面。

2. 引导语：请你们仔细看图，看看每一幅图的内容，把这六幅图连起来，想想能讲一个什么样的故事。

3. 引导儿童先自己看图，再与同伴交流自己对图片内容的理解。

二、问题讨论，加深理解。

1. 看图一，提问：有几个好朋友一起出去玩？他们是谁？

小结：眼睛、鼻子、耳朵、嘴巴、手和脚是好朋友，他们一起出去玩。

出示“眼睛”“鼻子”“耳朵”“嘴巴”“手”和“脚”的图卡和字卡，引导儿童认读。

2. 看图二，提问：天黑了，谁看不见路哭了？

小结：天黑了，眼睛看不清回家的路，急得流出了眼泪。

3. 看图三，提问：谁闻着花香，带着大家走？

小结：家里有花园，于是鼻子闻着花香，带着大家走。

4. 看图四，提问：刮风了，谁闻不到味道了？谁听着小河流水声，带着大家走？

小结：刮风了，风吹散了花香，鼻子闻不到味道了。家旁有小河，于是耳朵听着小河流水声，带着大家走。

5. 看图五，提问：谁没力气了？谁摘果子给嘴巴吃？吃完就怎么样了？

小结：小脚没力气了，小手摘果子给嘴巴吃，吃完了，小脚就有力气了。

6. 看图六，提问：月亮升起来了，眼睛看见路了，谁带着大家回家了？

小结：月亮升起来了，眼睛看见路了，眼睛带着大家回家了。

三、看图讲述，感受意境。

1. 教师讲述，引导儿童边看图边倾听，帮助儿童建立起语言与画面的联系。

2. 引导儿童与同伴互相讲述，看看谁讲得连贯又准确。

3. 师生一起看图讲述，进一步体会故事所表达的内容和意境。

活动资料

六个朋友回家（看图讲述）

图一：眼睛、鼻子、耳朵、嘴巴、手和脚是好朋友，他们一起出去玩。

图二：天黑了，眼睛看不清回家的路，急得流出了眼泪。

图三：家里有花园，于是鼻子闻着花香，带着大家走。

图四：刮风了，风吹散了花香，鼻子闻不到味道了。家旁有小河，于是耳朵听着小河流水声，带着大家走。

图五：小脚没力气了，小手摘果子给嘴巴吃，吃完了，小脚就有力气了。

图六：月亮升起来了，眼睛看见路了，眼睛带着大家回家了。

田 园 里

田园真美

活动目标

1. 认识“山”“禾”“田”“土”“石”5个生字，并理解其意思。

2. 学会“山”“禾”“田”“土”“石”5个生字的基本笔画并能正确书写。

活动准备

物质准备：(1)“山”“禾”“田”“土”“石”的图片和汉字卡一套。(2)《阅读与书写》第10页、第11页。

活动过程

一、看图观察，理解内容。

1. 引导儿童翻开《阅读与书写》第 10 页，看一看、想一想画面上有什么。

2. 集体交流：你从画面上看到了什么？这是什么地方？

3. 小结：这里的田园很美，有山，有树，有水，有土，有石头，还有田野，田野里有绿油油的禾苗。

二、观察图片，认读生字。

1. 教师在黑板上逐一出示“山”“禾”“田”“土”“石”的图片和汉字卡，引导儿童观察并认读。

2. 教师出示排列无序的“山”“禾”“田”“土”“石”的图片和汉字卡，分别请几个儿童为它们找好朋友。

3. 请儿童完成《阅读与书写》第 11 页“认一认，连一连”，引导儿童了解这几个生字的古老的形体。

4. 指导儿童认读“山”“禾”“田”“土”“石”5 个生字，重点指导儿童正确发音。

5. 逐一出示“山”“禾”“田”“土”“石”的汉字卡，引导儿童组词，例如“高山”“大山”“山坡”“山顶”；鼓励儿童学习造句，例如“山坡上有一片绿油油的草地，山脚下有一条清清的小溪”。

三、学写生字。

1. 学写生字“山”。

(1) 出示带田字格的“山”字，请儿童观察“山”在田字格中的位置。

(2) 教师示范书写，请儿童观察教师书写时的运笔过程。

山：第一笔“竖”，写在竖中线上，写到下半格的中间靠上一点收笔；第二笔“竖折”，起笔在左半格横中线下边一点，注意竖短折长；第三笔“竖”，起笔比第二笔竖折的“竖”略微高一点，要写对称。

(3) 引导儿童在“描一描，写一写”中描、写“山”字。

2. 学写生字“石”。

(1) 出示带田字格的“石”字，请儿童观察“石”在田字格中的位置。

(2) 教师示范书写，请儿童观察教师书写时的运笔过程。

石：第一笔是“横”，起笔在上半格竖中线左边一些，横不要太长；第二笔“撇”，起笔在竖中线偏右一点，注意不要出头；第三笔“竖”，略向右下运笔；第四笔“横折”的“横”靠近横中线，“折”略向左下运笔，与第三笔对称，注意“口”不要写得太宽。

(3) 引导儿童在“描一描，写一写”中描、写“石”字。

3. 学写生字“禾”。

(1) 出示带田字格的“禾”字，请儿童观察“禾”在田字格中的位置。

(2) 教师示范书写，请儿童观察教师书写时的运笔过程。

(3) 引导儿童在“描一描，写一写”中描、写“禾”字。

4. 学写生字“土”。

(1) 出示带田字格的“土”字，请儿童观察“土”在田字格中的位置。

(2) 教师示范书写，请儿童观察教师书写时的运笔过程。

土：上边是“十”，“横”要写短，写在横中线上，“竖”写在竖中线上，第一笔上边的“竖”和下边的“竖”应一样长；最后一笔“横”稍微长一点。

(3) 引导儿童在“描一描，写一写”中描、写“土”字。

5. 学写生字“田”。

(1) 出示带田字格的“田”字，请儿童观察“田”在田字格中的位置。

(2) 教师示范书写，请儿童观察教师书写时的运笔过程。

田：整个字要写在田字格的中间，注意里边的“横”写在横中线上，两边不要写满，“竖”要写在竖中线上，笔顺是先外、后内、再封口。

(3) 引导儿童在“描一描，写一写”中描、写“田”字。

田野风光

活动目标

1. 能仔细观察画面，并使用恰当的形容词描述画面。

2. 学会“沉甸甸”“绿油油”“黄灿灿”等 ABB 式的形容词。

活动准备

物质准备：《阅读与书写》第 12 页。

活动过程

一、引导儿童观察《阅读与书写》第 12 页，看一看图中有什么，想一想用什么好听的词来形容这些田野风光，并和小组里的同伴说一说。

二、启发儿童看图说一说：沉甸甸的稻穗、绿油油的禾苗、黄灿灿的油菜花。

三、鼓励儿童运用 ABB 的形容词，说出和书本上不一样的词语，例如：红彤彤的太阳、白茫茫的雪地……

蔬菜歌

活动目标

1. 学会“卜”“子”“豆”3 个生字的基本笔画并能正确书写。

2. 认识生字：茄子、土豆、萝卜、南瓜。

活动准备

物质准备：(1)《阅读与书写》第 13 页、第 14 页。(2) 茄子、土豆、萝卜、南瓜的实物（或图片）和汉字卡。

活动过程

一、观察画面，理解内容。

1. 引导儿童观察《阅读与书写》第 13 页的图片。

2. 集体交流：菜园里有什么？

3. 教师结合儿童的回答出示相关的实物（或图片）和汉字卡，引导儿童认读“茄子”“土豆”“萝卜”“南瓜”。

二、学习朗读儿歌《蔬菜歌》。

1. 教师朗读儿歌，引导儿童认真倾听。

蔬　菜　歌

茄子穿着紫衣裳，
南瓜越老皮越黄。
红头萝卜绿尾巴，
土豆地下捉迷藏。

2. 教师大声朗诵儿歌，儿童小声跟读。

3. 儿童与同伴互读，并用“△”画出儿歌中的生字。

4. 全班儿童看图齐读儿歌。

三、学写生字。

1. 学写生字“子”。

（1）出示带田字格的“子”字，请儿童观察“子”在田字格中的位置。

（2）教师示范书写，请儿童观察教师书写时的运笔过程。

子：第一笔是“横撇”，左低右高，收笔在竖中线上，字形较小；第二笔是“弯钩”，轻笔斜入，形如弯弓，出钩勿长；第三笔是“长横”，起收微顿，注意上斜角度。

（3）引导儿童在“描一描，写一写”中描、写“子”字。

2. 学写生字“卜”。

（1）出示带田字格的“卜”字，请儿童观察“卜”在田字格中的位置。

（2）教师示范书写，请儿童观察教师书写时的运笔过程。

卜：第一笔是“长竖”，在竖中线上；第二笔是“点”，在竖笔靠上的地方起笔，向右下做顿。

（3）引导儿童在“描一描，写一写”中描、写“卜”字。

3. 学写生字“豆”。

（1）出示带田字格的“豆”字，请儿童观察“豆”在田字格中的位置。

（2）教师示范书写，请儿童观察教师书写时的运笔过程。

豆：第一笔是“短横”，略向右上斜；第二笔是“短竖”，略向右下运笔；第三笔是“横折”，折笔略向左下运笔，与第二笔相对称；第四笔是“横”封口；第五笔和第六笔分别是“点”和“撇”，在竖中线两端左右对称；第七笔是“长横”，笔画舒展，稳托着上面的部分。

（3）引导儿童在“描一描，写一写”中描、写“豆”字。

四、亲子作业。

请家长和孩子看一看《阅读与书写》第 14 页看图讲述《花生去哪儿了》，说一说图上的内容。

花生去哪儿了

活动目标

1. 认识词语“花生”“开花”“浇水”“土里”。

2. 理解故事情节的发展过程，感知花生的果实是生长在土里的。

3. 培养仔细观察、耐心倾听和有条理讲述的好习惯。

活动准备

物质准备：(1)《阅读与书写》第 14 页。(2)“花生”“开花”“浇水”“土里”的字卡各一套。

活动过程

一、观察画面，理解内容。

1. 请儿童观察《阅读与书写》第 14 页的画面。

2. 引导儿童仔细看图，看看每一幅图的内容，想一想四幅图连起来讲了一个什么样的故事。

二、看图讨论，加深理解。

1. 观察图一。

（1）提问：田里种了什么？什么开花了？

（2）小结：田里种了许多花生，花生开花了。

（3）出示“花生”和“开花”的字卡，引导儿童认读。

2. 观察图二。

（1）提问：小猪给花生做什么？它想等花生结果了就怎么样？

（2）小结：小猪给花生浇水、施肥，想等花生花结果了就摘下来吃。

（3）出示“浇水”的字卡，引导儿童认读。

3. 观察图三。

（1）提问：小猪每天都来看什么？结果怎么样？小猪自言自语地说什么话？

（2）小结：小猪每天都来看花生结果了没有，可等到花落了也没看到一颗花生果，小猪自言自语地说：“花生果被谁摘走了？”

4. 观察图四。

（1）提问：蚯蚓从土里钻出来，笑着对小猪说了什么？

（2）小结：蚯蚓从土里钻出来，笑着对小猪说：“谁也没有摘，花生果埋在土里呢！”

（3）出示“土里”的字卡，引导儿童认读。

三、看图讲述，感受意境。

1. 教师讲述，引导儿童边看图边倾听，帮助儿童建立起语言与画面的联系。

2. 引导儿童与同伴互相讲述，看看谁讲得更连贯、更生动。

3. 师生一起看图讲述，进一步体会故事所表达的内容和意境。

活动资料

花生去哪儿了（看图讲述）

图一：田里种了许多花生，花生开花了。

图二：小猪给花生浇水、施肥，想等花生花结果了摘下来吃。

图三：小猪每天都来看花生结果了没有，可等到花落了也没看到一颗花生果，小猪自言自语地说："花生果被谁摘走了？"

图四：蚯蚓从土里钻出来，笑着对小猪说："谁也没有摘，花生果埋在土里呢！"

神秘的天空

天空有什么

活动目标

1. 认识"日""月""星""云"等汉字，并理解其意思。

2. 学会"日""月""云"的基本笔画并能正确书写。

活动准备

物质准备：(1) 蓝天白云的背景图（图中有太阳和白云）和夜晚的背景图（图中有月亮和星星）各一张，"日""月""星""云"的汉字卡一套。(2)《阅读与书写》第 15 页、第 16 页。

活动过程

一、结合蓝天白云背景图图片，认识生字"日""云"。

1. 出示蓝天白云的背景图。

2. 提问：白天谁出来了？天空中有什么？

3. 小结：白天，太阳出来了，天空中有太阳和云朵。太阳可以用"日"字来表示，云朵可以用"云"字来表示。

4. 教师在蓝天白云的背景图上相应的位置贴上"日""云"的汉字，引导儿童认读"日""云"。

二、结合夜晚的背景图，认识生字"月""星"。

1. 出示夜晚的背景图。

2. 提问：夜晚，天空中谁出来了？天空中有什么？

3. 小结：夜晚，月亮和星星出来了，夜里静悄悄。月亮可以用“月”字来表示，星星可以用“星”字来表示。

4. 教师在夜晚的背景图上相应的位置贴上“月”“星”的汉字，引导儿童认读“月”“星”。

三、学写生字。

1. 学写生字“日”。

（1）出示带田字格的“日”字，请儿童观察“日”在田字格中的位置。

（2）教师示范书写，请儿童观察教师书写时的运笔过程；提醒儿童：整体狭长，横画间距相等。

（3）引导儿童在“描一描，写一写”中描、写“日”字。

2. 学写生字“月”。

（1）出示带田字格的“月”字，请儿童观察“月”在田字格中的位置。

（2）教师示范书写，请儿童观察教师书写时的运笔过程。

月：第一笔是“竖撇”，撇锋勿长，注意弧度；三横都略上仰，间距相等；“横折钩”的竖画略向内收，以显得劲挺有力。整个字体形瘦长，不宜宽。

（3）引导儿童在“描一描，写一写”中描、写“月”字。

3. 学写生字“云”。

（1）出示带田字格的“云”字，请儿童观察“云”在田字格中的位置。

（2）教师示范书写，请儿童观察教师书写时的运笔过程。

云：第一笔是短“横”，短小，上仰；第二笔是长“横”，舒展；第三笔是“撇折”，先撇后折，折角适当，出锋勿长；第四笔是“点”，起笔对着“撇折”，与它组成一个等腰三角形之势。

（3）引导儿童在“描一描，写一写”中描、写“云”字。

四、儿童操作练习。

引导儿童完成《阅读与书写》第15页“连一连”，看图连线。

五、亲子作业。

请家长引导孩子完成《阅读与书写》第16页“画一画”，根据“日”“月”“星”“云”的汉字画出相应的画面。

后羿射日

活动目标

1. 能用完整、连贯的语言讲述故事。

2. 能大声响亮地在集体面前讲述，并能耐心倾听别人的讲述。

3. 感知、理解后羿射日给人类带来的益处。

活动准备

物质准备：(1) 后羿射日的故事课件。(2)《阅读与书写》第 16 页、第 17 页。

活动过程

一、结合课件，感知、理解讲述内容。

1. 教师边演示课件，边讲述故事：天上有十个太阳，土地干裂，庄稼枯死，河流干涸。后羿登上一座大山，拉开万斤弓弩，射下了九个太阳。剩下的一个太阳每天都从东方的海平面升起，挂在天上，温暖着人间，禾苗得以生长，万物得以生存。

2. 引导儿童寻找讲述的线索：天上原来有几个太阳？土地、庄稼和河流都怎么样啦？后羿用什么工具射下了几个太阳？天上剩下几个太阳？土地、禾苗怎么样？

二、借助画面，讲述故事。

1. 将儿童分为若干个小组，请儿童翻开《阅读与书写》第 16 页、第 17 页，引导儿童结伴讲述。

2. 教师巡回观察指导，重点引导儿童围绕“原来天上有十个太阳，给人们的生活带来了什么危害？后羿做了什么事？结果怎样？”这些问题进行看图讲述。

3. 请个别儿童在集体面前讲述，提醒儿童讲述要大方、声音要响亮。

三、问题讨论，渗透教育。

1. 讨论：我们应学习后羿什么？

2. 小结：后羿为了解救大地和人民，登上高山，用弓弩射下了九个太阳，我们应学习他乐于助人和勇敢的精神。

奇趣大自然

多变的天气

活动目标

1. 认读“风”“电”“雨”“雪”，并理解其意义。

2. 学会“风”“电”“雨”的基本笔画并能正确书写。

3. 初步学会正确使用量词。

4. 发展想象力和语言表达能力。

活动准备

物质准备：(1)“风”“电”“雨”“雪”的图卡和字卡。(2)《阅读与书写》第 18 页、第 19 页。(3) 自制讲述图片（“风”“天空”“雨”“雪”的图片)。

活动过程

一、观察画面，了解天气变化。

1. 引导儿童观察《阅读与书写》第 18 页的图画，说一说图上有几种不同的天气。

2. 根据儿童的回答出示相应的图卡和字卡，引导儿童认读汉字“风”“电”“雨”“雪”。

二、学习量词。

1. 提问：图中有多少道闪电？可以用什么词来表示闪电的数量单位？

2. 小结：闪电可以用“道”来表示数量单位，比如一道闪电。表示数量单位的词，我们叫它量词。

3. 分组讨论，思考：用什么量词来表示风、雨、雪？

4. 小结：可以说一阵风、一滴雨、一片雪花，其中的“阵”“滴”“片”就是量词。

三、借助图片，想象讲述。

出示自制讲述图片，引导儿童完成《阅读与书写》第18页的“说一说”，鼓励儿童自由想象，大胆讲述。

1. 教师出示“风”的图片，启发儿童根据自己的想象说出“刮风时，我看见树叶摇摇摆摆，我听见风呼呼响”等。

2. 教师出示“天空”的图片，引导儿童说出“天空是蓝色的，云朵像棉花、像绵羊”等。

3. 出示“雨”的图片，引导儿童说出“下雨时，我听见雨声哗哗啦啦地响，我看见雨点滴滴答答地落”等。

4. 出示“雪”的图片，启发儿童说出“下雪啦，雪花像白色的花朵慢慢飘落，世界变得一片洁白”等。

四、学写生字。

1. 学写生字“风”。

(1) 出示带田字格的“风”字，请儿童观察“风”在田字格中的位置。

(2) 教师示范书写，请儿童观察教师书写时的运笔过程。

风：第一笔是“竖撇”，先竖再撇，撇锋勿长，注意弧度；第二笔是“横斜钩”，横画略上仰，折笔略向左，再向右下，略带弧形，弯曲有度，出钩短小有力。

(3) 引导儿童在“描一描，写一写”中描、写“风”字。

2. 学写生字“电”。

(1) 出示带田字格的“电”字，请儿童观察“电”在田字格中的位置。

(2) 教师示范书写，请儿童观察教师书写时的运笔过程。

电：第一笔是短“竖”，第二笔是“横折”，第三笔和第四笔是短“横”。外形上宽下窄，扁形，横画间距相等。第五笔是“竖弯钩”，竖中线上起笔，拐弯自然，钩向朝上。

(3) 引导儿童在“描一描，写一写”中描、写“电”字。

3. 学写生字“雨”。

(1) 出示带田字格的“雨”字，请儿童观察“雨”在田字格中的位置。

(2) 教师示范书写，请儿童观察教师书写时的运笔过程。

雨：第一笔是“横”，中长，略微上斜；第二笔是“竖”，略向右；第三笔是“横折钩”，折笔略向左，与第二笔相互呼应；第四笔是“竖”，中分两横；四点略有变化，整体扁阔，靠近中竖两旁，均匀分布。

（3）引导儿童在“描一描，写一写”中描、写“雨”字。

五、亲子作业。

请家长引导孩子完成《阅读与书写》第19页“画一画，说一说”。

太阳出来了

活动目标

1. 能完整连贯地讲述图片内容。

2. 巩固对“云”“风”的认识。

活动准备

物质准备：《阅读与书写》第20页。

活动过程

一、观察图片，回答问题，理解图意。

1. 请儿童观察《阅读与书写》第20页的图片，想一想这些图片联系起来讲述了一个什么故事。

2. 提问：①明明奶奶生病了，医生说要做什么？但天气一直是什么天？②天上有个小飞娃知道了就去找谁？太阳怎么说？③小飞娃又去找谁？乌云怎么说？④小飞娃又去找谁？风怎么说？最后怎么样？

二、借助图片，讲述故事。

1. 请儿童边看图边默默讲述故事内容。

2. 引导儿童与同伴互相讲述故事内容。

3. 请个别儿童在集体面前讲述故事内容，鼓励儿童讲话大方，声音响亮。

三、看书找字，巩固认知。

1. 启发儿童从书的文字中找出“风”“云”两个字，并用“△”在字的下方做标记。

2. 引导儿童与同伴互相交流，看看谁找得又对又快。

活动资料

太阳出来了（看图讲述）

图一：明明奶奶生病了，医生说要晒太阳，但天一直阴着。

图二：天上有个小飞娃知道了，就去找太阳，太阳说：“我被乌云遮住了呀。”

图三：小飞娃找乌云，乌云说：“没有风，我走不动呀。”

图四：小飞娃找风，风说：“行啊，我一定帮忙。”

图五：呼呼呼，风吹走乌云，太阳出来了，奶奶终于晒到了太阳。

水 果 香

果 园 里

活动目标

1. 初步认识“桃子”“梨”“苹果”“葡萄”“香蕉”“西瓜”等词，并理解其意义。

2. 能正确使用量词和叠字形容词。

活动准备

物质准备：(1) 实物水果（桃子、梨、苹果、葡萄、香蕉、西瓜）或图片和相应的字卡。(2)《阅读与书写》第21页、第22页。

活动过程

一、观察画面，认识词语。

1. 引导儿童观察《阅读与书写》第21页果园情景图，引导儿童观察果园里有什么水果。

2. 结合儿童的回答逐一出示“桃子”“梨”“苹果”“葡萄”“香蕉”“西瓜”等词语卡片，引导儿童认读。

3. 出示水果实物或图片和相应的字卡引导儿童进行配对。

二、学习量词。

1. 出示实物水果或图片，提问：我带来了什么水果？分别有多少？应该怎样表述？

2. 小结：苹果、西瓜可以用“个”来表示数量，如一个大西瓜、三个苹果；香蕉是用“根”来表示数量的；葡萄是好多个连成一大串，所以我们可以用“串”这个量词来表示。

3. 思考：还有什么东西可以用“个”“根”“串”的量词来表示数量？

4. 鼓励儿童积极动脑、大胆表达，例如：一个人、一个桃子、一个玩具，一根草、一根绳子、一根冰棒，一串鞭炮、一串糖葫芦、一串烤肉……

三、学习叠字形容词。

1. 提问：水果店里的水果可真多，我看到长长的甘蔗，你们看到什么？谁能跟我一样用好听的词来形容呢？

2. 儿童分组讨论，教师观察指导，鼓励儿童用两个一样的字组成的词来形容看到的水果。

3. 请各组派一名代表交流，分享经验。

4. 小结：这种两个相同字组成的词叫作叠字词。

5. 思考：你还听过哪些不一样的叠字词呢？

6. 鼓励儿童大胆发言，讲述自己听过的叠字词，例如大大（的眼睛）、尖尖（的嘴巴）、高高（的个子）、弯弯（的香蕉）、红红（的苹果）……

四、操作练习。

引导儿童完成《阅读与书写》第 21 页“说一说”和第 22 页“画一画，说一说”。

水果王国

活动目标

1. 能正确、流利地朗读儿歌。

2. 认识“黄黄香蕉”“红红樱桃”“大大西瓜”。

3. 学会“西”“瓜”的正确书写。

活动准备

物质准备：(1)“黄黄香蕉”“红红樱桃”“大大西瓜”的字卡。(2)《阅读与书写》第 22 页。

活动过程

一、结合《阅读与书写》第 22 页中的儿歌和图画，理解儿歌内容。

水果王国

黄黄香蕉长又弯，红红樱桃一大盘，

大大西瓜你来搬，水果王国是台湾。

1. 提问：香蕉是什么颜色、什么形状的？

2. 用儿歌“黄黄香蕉长又弯”进行小结，并出示“黄黄香蕉”的字卡。

3. 提问：樱桃是什么颜色、有多少？

4. 用儿歌“红红樱桃一大盘”进行小结，并出示“红红樱桃”的字卡。

5. 提问：这个西瓜大不大？

6. 用儿歌“大大西瓜你来搬”进行小结，并出示“大大西瓜”的字。

二、看书找字。

1. 请儿童观察《阅读与书写》第 22 页中画面的内容和文字，并找出今天学习的字词。

2. 引导儿童边看书边朗读儿歌。

3. 鼓励儿童与同伴互读儿歌。

4. 组织全班儿童看书齐读儿歌。

三、学写生字。

1. 学写生字“西”。

(1) 出示带田字格的“西”字，请儿童观察“西”在田字格中的位置。

(2) 教师示范书写，请儿童观察教师书写时的运笔过程。

西：第一笔是“横”，写在横中线偏上，横略上仰；第二笔是“竖”，稍短，稍往右；第三笔是“横折钩”，在横中线上起笔，折笔稍往左，与左竖相对称，钩要小，能体现出运笔即可；第四笔是“竖撇”，稍短，不碰到竖笔；第五笔是“竖弯”，拐弯自然圆润，尾不出钩，不碰折笔；第六笔是“横”，封口。

(3) 引导儿童在“描一描，写一写”中描、写“西”字。

2. 学写生字“瓜”。

(1) 出示带田字格的“瓜”字，请儿童观察“瓜”在田字格中的位置。

(2) 教师示范书写，请儿童观察教师书写时的运笔过程。

瓜：第一笔是“平撇”，较为短小；第二笔是“竖撇”，先竖再撇，注意弧度；第三笔是“竖提”，竖画写在竖中线左侧；第四笔是“点”，写得紧凑些；第五笔是“捺”，要写得舒展些。

(3) 引导儿童在“描一描，写一写”中描、写“瓜”字。

小猴过生日

活动目标

1. 能正确、流利地朗读散文诗。

2. 巩固对“香蕉”“桃子”“苹果”“西瓜”“梨子”“樱桃”等词语的认识。

3. 学会“串”“篮”“盘”“袋”“盒”“筐”等量词。

活动准备

物质准备：(1)《阅读与书写》第 23 页。(2)“一串香蕉”“一篮桃子”“一盘梨子”“一袋苹果”“一盒樱桃”“一筐西瓜”的图片和字卡每组一套。

活动过程

一、问题导入，自主阅读。

1. 引导语：今天是小猴的生日，它准备了一桌菜，站在门口迎接来宾。请小朋友猜一猜，会来哪些客人，它们会带来什么礼物。答案就藏在书本上，请小朋友看看书本上的图画就知道了。

2. 引导儿童翻开《阅读与书写》第 23 页，仔细阅读画面，并与同伴交流自己的看法。

二、集中讨论，交流分享。

1. 提问：①小猴生日，请来了哪些客人？②它们带来了什么水果？各有多少？

2. 教师结合儿童的回答逐一出示“一串香蕉”“一篮桃子”“一盘梨子”“一袋苹果”“一盒樱桃”“一筐西瓜”的图片和字卡，并引导儿童认读。

三、学习朗诵散文诗。

1. 教师朗诵散文诗，儿童欣赏。

2. 教师和儿童一起朗读散文诗。

四、抽卡游戏，复习词汇。

1. 以小组为单位，每组提供一套图片和字卡。

2. 请儿童将图卡和相应的字卡进行配对，并读一读，教师观察指导。

活动资料

小猴过生日（散文诗）

今天是小猴的生日，它准备了一桌菜，站在门口迎接来宾。过了一会儿，客人们各自带来了礼物。

小象钩来了一串香蕉，小熊提来了一篮桃子，小牛搬来了一盘梨子，小马驮来了一袋苹果，小蚂蚁运来了一盒樱桃，小老虎送来了一筐西瓜。

它们一起过了个快乐的生日。

快乐农场

大小和多少

活动目标

1. 能正确、流利地朗读儿歌，体验朗读儿歌的乐趣。

2. 理解“大”“小”“多”“少”的意思，并能正确书写。

3. 学习量词“头”“只”“群”，并能用正确使用。

活动准备

物质准备：(1)《阅读与书写》第 24 页、第 25 页。(2) 奶牛、猫、大雁、小鸟的图卡，生字“大”“小”“多”“少”的字卡。

活动过程

一、观察情境图，比较、认识“多”“少”和“大”“小”。

1. 请儿童翻开《阅读与书写》第 24 页，看一看图上的内容，并和同伴交流。

2. 提问：图上有什么？谁大谁小？谁多谁少？

3. 教师根据儿童的回答出示相应的图卡和字卡，并教儿童认读“大”“小”“多”“少”。

二、问题讨论，学习量词。

1. 提问：农场里的动物，应该用什么量词来表示？

2. 引导儿童以小组为单位，自由交流讨论。

3. 集中交流后教师小结：动物的种类不同，用的量词也不同，我们可以用“头”表示牛的数量，例如“一头牛”；用“只”来表示猫和鸟的数量，例如“一只猫”“一只鸟”；用“群”来表示许多大雁，例如“一群大雁”。

4. 鼓励儿童用“头”“只”“群”的量词组词，例如“一头猪”“一只鸡”“一群羊”等。

三、看图学儿歌。

1. 教师朗读儿歌，儿童边看图边欣赏。

一个大，一个小，
一头奶牛一只猫。
一边多，一边少，
一群大雁一只鸟。
数一数，瞧一瞧，
大小多少记得牢。

2. 教师引导儿童看图朗读儿歌。

3. 引导儿童运用对歌的形式朗读儿歌。

四、学写生字。

1. 学写生字“大”。

(1) 出示带田字格的“大”字，请儿童观察“大”在田字格中的位置。

(2) 教师示范书写，请儿童观察教师书写时的运笔过程。

大：第一笔是“横”，略向右上斜；第二笔是“竖撇”，竖中线上方起笔，先竖再撇，注意弧度；第三笔是“捺”，较为伸展，与撇呼应，稳住重心。

(3) 引导儿童在“描一描，写一写”中描、写“大”字。

2. 学写生字“小”。

(1) 出示带田字格的“小”字，请儿童观察“小”在田字格中的位置。

(2) 教师示范书写，请儿童观察教师书写时的运笔过程。

小：第一笔是“竖钩”，在竖中线上方起笔，垂直下行，钩短小有力；第二笔是“左点”，横中线上方起笔，轻入笔，上轻下重，往左下微顿笔；第三笔是“右点”，比左点略高，由轻到重，往右下微顿笔。

(3) 引导儿童在“描一描，写一写”中描、写“小”字。

3. 学写生字“少”。

(1) 出示带田字格的“少”字，请儿童观察“少”在田字格中的位置。

(2) 教师示范书写，请儿童观察教师书写时的运笔过程。

少：第一笔是“竖”，竖中线上起笔，稍超过横中线收笔；第四笔是“撇”，略带弧度，写出笔锋，注意流畅。

(3) 引导儿童在“描一描，写一写”中描、写“少”字。

4. 学写生字“多”。

(1) 出示带田字格的“多”字，请儿童观察“多”在田字格中的位置。

(2) 教师示范书写，请儿童观察教师书写时的运笔过程。

多：第一笔是“撇”，较为短小；第二笔是“横撇”，撇有弧度，横短撇长，两撇同向，上撇短，下撇长；第三笔是“点”，略靠近“横撇”。整个字上紧下松。

(3) 引导儿童在“描一描，写一写”中描、写“多”字。

五、操作练习。

提供《阅读与书写》第 25 页“连一连”，引导儿童观察图片内容和文字，并将相应的图和字用线条连起来。

六、亲子作业。

请家长和孩子一起观察《阅读与书写》第 25 页“说一说”，引导孩子说一说图上的内容，并帮助孩子将正确的量词填写在括号里。

农场里的动物

活动目标

1. 能有序、仔细地观察画面。

2. 认识“牛”“羊”“马”“鸡”“鸭”的生字，并能用它们组词、组句。

3. 学会“牛”“羊”“马”的正确书写。

活动准备

物质准备：(1)《阅读与书写》第 26 页。(2)“牛”“羊”“马”“鸡”“鸭”的图卡和字卡若干套。

活动过程

一、观察情境图，认识生字。

1. 请儿童观察《阅读与书写》第 26 页的农场情景图，并和同伴说一说图上有什么动物。

2. 根据儿童的回答，教师逐一出示“牛”“羊”“马”“鸡”“鸭”的图卡和字卡，并引导儿童认读。

二、借助游戏，复习生字。

1. 每组提供一套“牛”“羊”“马”“鸡”“鸭”的图卡和字卡，引导儿童将相应的图卡和字卡进行配对。

2. 引导儿童在小组里玩轮流抽字卡认读的游戏，巩固对生字的认知。

三、看字组词、组句。

1. 教师分别出示“牛”“羊”“马”“鸡”“鸭”的生字，鼓励儿童组词，例如“牛奶”“牛肉”“山羊”“小羊羔”“马上”“马路”“小鸡”“鸡冠花”“小鸭”“鸭蛋”。

2. 鼓励儿童用“牛”“羊”“马”“鸡”“鸭”的生字说一句短句，例如“牛奶有营养”“小羊咩咩叫”“小马跑得快”“小鸡吃米”“小鸭嘎嘎叫”。

四、学写生字。

1. 学写生字“牛”。

(1) 出示带田字格的“牛”字，请儿童观察“牛”在田字格中的位置。

(2) 教师示范书写，请儿童观察教师书写时的运笔过程。

牛：第一笔是“撇”，短小有力；第二笔和第三笔都是“横”，第三笔长于第二笔；第四笔是“竖”，写在竖中线上，贯穿两横。

(3) 引导儿童在“描一描，写一写”中描、写“牛”字。

2. 学写生字“羊”。

(1) 出示带田字格的“羊”字，请儿童观察“羊”在田字格中的位置。

(2) 教师示范书写，请儿童观察教师书写时的运笔过程。提醒儿童：三横均略微上仰，长度不同，第一横中长，第二横最短，第三横最长，三横平行。

(3) 引导儿童在“描一描，写一写”中描、写“羊”字。

3. 学写生字“马”。

(1) 出示带田字格的“马”字，请儿童观察“马”在田字格中的位置。

(2) 教师示范书写，请儿童观察教师书写时的运笔过程。

马：第一笔是“横折”，较为短小；第二笔是“竖折折钩”，横段略长，第二折笔略微向左，出钩短小有力；第三笔是“横”，略上靠。字形整体瘦长，上窄下宽。

(3) 引导儿童在“描一描，写一写”中描、写“马”字。

动物的叫声

活动目标

1. 能正确、流利地朗读儿歌，体验朗读儿歌的乐趣。

2. 初步认识“噜噜”“啾啾”“汪汪”“哞哞”“喵喵”“咩咩”“叽叽”“嘎嘎”等生字，理解其意义。

3. 感受动物叫声的有趣，喜欢小动物。

活动准备

物质准备：(1)《阅读与书写》第27页。(2) 猪、鸟、牛、羊、猫、狗、鸡、鸭等动物叫声的录音。(3) 以上动物的图卡和相应叫声的字卡一套。

活动过程

一、录音引入。

1. 播放动物叫声的录音，启发儿童分别猜一猜是什么动物。

2. 出示动物图卡，引导儿童模仿动物的叫声，鼓励儿童比一比谁模仿的动物叫声最生动、最形象。

二、认读生字。

1. 引导儿童观察动物图片和相应叫声的字卡，引导儿童认读“噜噜”“啾啾”“汪汪”“哞哞”“喵喵”“咩咩”“叽叽”“嘎嘎”等生字。

2. 配对游戏。每组提供一套猪、鸟、牛、羊、猫、狗、鸡、鸭的图卡和相应叫声的字卡，引导儿童将相应的图卡和字卡进行配对。

3. 引导儿童在小组里玩轮流抽字卡认读的游戏，巩固对生字的认知。

三、看书找字。

请儿童翻开《阅读与书写》第27页，看一看图上的内容，找一找自己已经认识的字和今天认识的生字，并和同伴说一说、读一读。

四、学习朗读儿歌。

1. 教师朗读儿歌，儿童欣赏。

动物这样叫

小猪噜噜，小鸟啾啾。

小狗汪汪，小牛哞哞。

小猫喵喵，小羊咩咩。

小鸡叽叽，小鸭嘎嘎。

2. 问题讨论：你从儿歌里听到了什么？有哪些动物？它们怎么叫？

3. 儿童跟着教师一起朗读儿歌。

4. 鼓励儿童边朗诵儿歌边用动作表演。

五、亲子作业。

请家长引导孩子完成《阅读与书写》第 27 页“连一连”，引导孩子说一说图上的内容和文字，并用线将相应的图和字连起来。

小狗报恩

活动目标

1. 能仔细观察图片，理解故事情节。

2. 能用连贯、完整的语言讲述故事内容。

3. 感知小狗的报恩行为，学会感恩。

活动准备

物质准备：(1) 课件《小狗报恩》。(2)《阅读与书写》第 28 页。(3) 小狗手偶一个，音乐《感恩的心》、播放器。

活动过程

一、出示小狗手偶，引出课题。

出示小狗手偶：小朋友，谁到我们班和大家做游戏了呢？

二、问题讨论，了解狗对人们的益处。

1. 提问：狗对人们有什么帮助？

2. 小结：狗能帮助人看门，警犬能帮助警察破案。

三、借助课件，理解《小狗报恩》的故事。

1. 逐一出示课件，引导儿童观察并讲述画面内容。

2. 提问：一位农夫在山上看见一只小狗受了伤，他怎样帮助小狗？小狗伤好后怎么做？还怎样帮助村民们逃离灾难？

3. 再次播放课件，完整讲述故事一遍。

四、学习讲述。

1. 请儿童翻开《阅读与书写》第 28 页，引导儿童自己看图小声讲述。

2. 启发儿童在小组里与同伴互相讲述，比一比谁讲得好。

3. 鼓励儿童主动到讲台前看图讲述，其他儿童倾听，教师及时指导和评价。

五、问题讨论。

1. 引导语：小狗是一只动物，能用实际行动感谢农夫对他的救命之恩。小朋友们想一想，在日常生活中曾经有谁帮助过你，你应该怎样感谢他们。

2. 小结：《小狗报恩》这个故事告诉我们，要学会感恩。我们要感谢养育我们的家人，感恩教育我们的老师，感恩给我们生活带来方便的人们，从小做一个会感恩的人。

六、播放音乐《感恩的心》，师生齐唱。

活动资料

小狗报恩（看图讲述）

图一：一位农夫在山上看见一只小狗受了伤，他帮小狗上药包扎。

图二：小狗伤好后不愿离开农夫，留下来帮农夫看门，驱赶刺猬、野猪、黄猴等偷吃庄稼的动物。

图三：一天夜晚，小狗听见石头滚落的声音，急忙敲农夫家门，叫醒全村人。

图四：村民刚离开村子，泥石流就掩埋了村庄，村民们感谢小狗。

我的家

小书架

活动目标

1. 感知上、中、下的方位，并能正确使用。

2. 认识“上”“中”“下”3个生字，并能正确书写。

3. 能正确、流利地朗读儿歌，体验朗读儿歌的乐趣。

活动准备

物质准备：(1) 书橱图片一幅，“上”“中”“下”生字卡。(2)《阅读与书写》第29页、第30页。

活动过程

一、认识生字。

1. 教师出示书橱的图片，引导儿童看一看、说一说书橱有几层，上层、下层和中间一层各是谁用的。

2. 小结：书橱有三层，上层是爸爸用的，中间是妈妈用的，下层是宝宝用的。

3. 教师结合小结，将“上”“中”“下”3个字分别贴在书橱图片的相应位置，引导儿童认读。

4. 鼓励儿童用生字组词，例如“山上”“上坡”“上车”“中班”“中心”“中国”“山下”“下课”“下班”……

二、寻找生字。

请儿童翻开《阅读与书写》第29页，引导儿童观察画面内容并从儿歌中找出今天认识的生字“上”“中”“下”，并用“△”在字的下方做标记。

三、朗读儿歌。

1. 教师朗读儿歌，引导儿童倾听。

小　书　架

一个小书架，
摆在我的家。
上层爸爸用，
中间给妈妈，
我的书，在下面，
每天放学都要看。

2. 引导儿童说说儿歌内容。

3. 引导儿童边看书边跟着教师一起朗读儿歌。

四、学写生字。

1. 学写生字“上”。

(1) 出示带田字格的“上”字，请儿童观察“上”在田字格中的位置。

(2) 教师示范书写，请儿童观察教师书写时的运笔过程。

(3) 引导儿童在“描一描，写一写”中描、写“上”字。

2. 学写生字“中”。

(1) 出示带田字格的“中”字，请儿童观察“中”在田字格中的位置。

(2) 教师示范书写，请儿童观察教师书写时的运笔过程。

中：第一笔是“竖”，形不可长，略微向右下斜；第二笔是“横折”，横长折短，折笔略微向左下斜，呈上宽下窄之势；第四笔是“竖”，垂直下行，尾如悬针。

(3) 引导儿童在“描一描，写一写”中描、写“中”字。

3. 学写生字“下”。

(1) 出示带田字格的“下”字，请儿童观察“下”在田字格中的位置。

(2) 教师示范书写，请儿童观察教师书写时的运笔过程。

(3) 引导儿童在“描一描，写一写”中描、写“下”字。

五、亲子作业。

请家长引导孩子完成《阅读与书写》第 29 页“看一看，连一连”，先看一看、说一说图上的内容和文字，再用线将相应的图和字连起来。

左左右右

活动目标

1. 感知左、右的方位，并能正确使用。

2. 认识“左”“右”生字，并能正确书写。

3. 加强空间方位感，提高反应灵敏性。

活动准备

物质准备：(1)《阅读与书写》第 30 页。(2)“左”“右”的字卡一套。

活动过程

一、听口令举手。

引导语：请你举出左手。(儿童举左手。)请你举出右手。(儿童举右手。)

二、游戏“找朋友”。

1. 请每个儿童看看自己的左边是谁、右边是谁。

2. 请四五个儿童到前面站成一排，面朝全体儿童，请大家找一找、说一说××小朋友的左边、右边各是谁。

三、看图认读生字。

1. 请儿童翻开《阅读与书写》第 30 页，观察画面上的内容。

2. 提问：图上有谁？还有什么东西？小朋友的左边有什么？右边有什么？抽纸放在果盘的哪一边？果盘的左边是什么东西？

3. 教师结合儿童的回答，出示生字“左”“右”字卡，引导儿童认读。

4. 引导儿童从《阅读与书写》第 30 页“看一看，说一说”题目中找出今天认识的“左”“右”两个生字，并用“△”在字的下方做标记。

四、学写生字。

1. 学写生字“左”。

(1) 出示带田字格的“左”字，请儿童观察“左”在田字格中的位置。

(2) 教师示范书写，请儿童观察教师书写时的运笔过程。

(3) 教师强调“左”字前两笔是“横”“撇”，下边是“工”字。

左：第一笔是“横”，略向右上斜；第二笔是“撇”，舒展稍长；第三笔是“横”，上靠，较短；第四笔是“竖”，较短；第五笔是“横”，长而平稳。

(4) 引导儿童在“描一描，写一写”中描、写“左”字。

2. 学写生字“右”。

(1) 出示带田字格的“右”字，请儿童观察“右”在田字格中的位置。

(2) 教师示范书写，请儿童观察教师书写时的运笔过程。教师强调“右”字前两笔与“左”相同，下边是“口”字，略靠上。

(3) 引导儿童在“描一描，写一写”中描、写“右”字。

他们在哪里

活动目标

1. 区分两个物体的前后、里外关系，感知前后、里外是相对的。

2. 认识“前”“后”“里”“外”4 个生字，并能正确书写“后”“外”“里”。

活动准备

物质准备：(1)《阅读与书写》第 31 页。(2) 盒子、布娃娃各一个。(3) 教师用的书房情境图、“前”“后”“里”“外”的字卡一套。

活动过程

一、借助盒子，感知里外。

1. 教师出示盒子让儿童猜测盒子里有什么，激发儿童看的欲望。

2. 教师打开盒子，引导儿童看一看盒里有什么，启发儿童说出布娃娃在盒子的里面。

3. 教师把布娃娃从盒子里取出来，引导儿童说出布娃娃在盒子的外面。

二、看图观察，理解方位概念。

1. 引导儿童观察《阅读与书写》第 31 页书房情境图。

2. 提问：书房里有什么？椅子的前面是什么？椅子的后面是什么？书房里有谁？书房外有谁？

3. 小结：椅子的前面是桌子，椅子的后面是书柜，爸爸在书房里，妈妈在书房外。

4. 教师结合儿童的回答将“前”“后”“里”“外”字卡贴在教师用的书房情境图的相应位置并引导儿童认读。

5. 引导儿童从《阅读与书写》第 31 页“看一看，说一说”中找出今天学的生字，并用“△”在字的下方做标记。

三、学写生字。

1. 学写生字“后”。

(1) 出示带田字格的“后”字，请儿童观察“后”在田字格中的位置。

(2) 教师示范书写，请儿童观察教师书写时的运笔过程。

后：第一笔是“平撇”，体态较平，较为短小；第二笔是“竖撇”，先竖后撇，撇笔略长，注意弧度；第三笔是“横”，在“竖撇”的中上部起笔，较长；下面的“口”要小巧。

(3) 引导儿童在“描一描，写一写”中描、写“后”字。

2. 学写生字“外”。

(1) 出示带田字格的“外”字，请儿童观察“外”在田字格中的位置。

(2) 教师示范书写，请儿童观察教师书写时的运笔过程。

外：左右结构，第一笔是“撇”，较为短小；第二笔是“横撇”，横略左低右高，撇有弧度，横短撇长，两撇同向，上撇短，下撇长；第三笔是“点”，略靠近“横撇”，上紧下松；第四笔是“竖”，起笔高，收笔低；第五笔是“点”，横中线上方起笔，轻入笔，由轻到重，上尖下圆。

(3) 引导儿童在“描一描，写一写”中描、写“外”字。

3. 学写生字“里”。

(1) 出示带田字格的“里”字，请儿童观察“里”在田字格中的位置。

（2）教师示范书写，请儿童观察教师书写时的运笔过程。

里：整体字形上紧下松，上收下放，第五笔是“竖”，第六笔是“短横”，第七笔是“长横”，写得长而平稳。

（3）引导儿童在“描一描，写一写”中描、写“里”字。

新　年　到

活动目标

1. 学会朗读儿歌，感受儿歌的节奏美和语言美。

2. 学会认读生字“爷爷”“奶奶”“爸爸”“妈妈”。

3. 了解新年的习俗。

活动准备

物质准备：《阅读与书写》第 32 页。

活动过程

一、谈话导入，引出课题。

1. 引导语：小朋友，想一想过新年的时候人们会做些什么事情。

2. 小结：过新年的时候人们穿上新衣服、做年糕、放鞭炮，新年到了，真热闹。

二、欣赏儿歌，理解内容。

1. 教师有表情地朗诵儿歌《新年到》，提醒儿童倾听。

新　年　到

新年到，真热闹，
爷爷穿上新棉袄，
奶奶动手做年糕，
爸爸门口放鞭炮，
妈妈和我看热闹。

2. 引导儿童说一说从儿歌里听到什么内容，并学习“新棉袄”“做年糕”“放鞭炮”“真热闹”。

三、看图找字，复习字词。

1. 引导儿童翻开《阅读与书写》第 32 页，找一找学过的字词，例如“上”“口”“手”，并用“△”在字的下方做标记。

2. 引导儿童认读“爷爷”“奶奶”“爸爸”“妈妈”，并用“△”在字的下方做标记。

3. 启发儿童与同伴说一说、议一议以上字词。

四、看图阅读，朗诵儿歌。

1. 引导儿童边看《阅读与书写》第 32 页第一幅图边朗读儿歌，使儿童进一步理解儿歌内容，进一步体会儿歌的意境。

2. 鼓励儿童边看儿歌文字，边朗读儿歌。

快乐的一家

活动目标

1. 初步理解反义词，提高理解词义的能力。

2. 学会朗读儿歌，感受儿歌的节奏美和语言美。

3. 学会认读生字“哥哥”“妹妹”。

活动准备

物质准备：(1)《阅读与书写》第 32 页。(2) 瘦爷爷、胖奶奶、高爸爸、矮妈妈、大哥哥、小妹妹的图片和相应的字卡一套。

活动过程

一、听指令做动作，理解反义词。

1. 教师说“高人”，儿童就要做出表示高的动作；教师说“矮人”，儿童就要做出表示矮的动作。

2. 教师说“胖人”，儿童就要做出表示胖的动作；教师说“瘦人”，儿童就要做出表示瘦的动作。

二、借助出示图片，学习反义词。

1. 出示瘦爷爷、胖奶奶的图片，引导儿童观察，并说出：“爷爷瘦，奶奶胖。”教师在黑板上出示相应的字卡，引导儿童认读。

2. 出示高爸爸、矮妈妈的图片，引导儿童观察，并说出：“爸爸高，妈妈矮。”教师在黑板上出示相应的字卡，引导儿童认读。

3. 出示大哥哥、小妹妹的图片，引导儿童观察，并说出：“哥哥大，妹妹小。”教师在黑板上出示相应的字卡，引导儿童认读。

三、联系生活，学说反义词。

1. 引导语：“胖”与“瘦”、“高”与“矮”、“大”与“小”都是词义相反的，叫反义词，请小朋友想一想在日常生活中我们常用哪些反义词。

2. 引导儿童先在小组里讨论，再请个别儿童在全班发言；鼓励儿童积极动脑，大胆表达，例如“长”与“短”、“快”与“慢”、“进”与“退”、“宽”与“窄”等。

四、观察画面，朗读儿歌。

1. 请儿童翻开《阅读与书写》第 32 页，边看第二幅图边朗读儿歌《我的家》。

我的家

爷爷瘦，奶奶胖，
爸爸高，妈妈矮，
哥哥大，妹妹小，
我们快乐一家人。

2. 鼓励儿童边看儿歌文字边朗读。

爸爸的手

活动目标

1. 感知爸爸对孩子的爱。

2. 能用清晰的语言连贯地讲述几幅画面的内容。

3. 能大声地在集体面前讲述，能耐心倾听同伴的讲述。

活动准备

物质准备：《阅读与书写》第 33 页。

活动过程

一、谈话引入。

1. 提问：小朋友们，大家经常看到自己的爸爸工作、做家务，爸爸用双手做了哪些事？

2. 启发儿童联系生活，在小组里与同伴说一说自己爸爸的手能做些什么。

二、观察画面。

1. 请儿童翻开《阅读与书写》第 33 页，观察《爸爸的手》的画面。

2. 引导儿童仔细看图，看一看每一幅图的内容，想一想四幅图连起来是一个什么样的故事。

三、问题讨论。

1. 教师通过提问帮助儿童理解故事内容。

2. 问题：①爸爸的手把宝宝怎样？让宝宝在哪里飞翔？②冬天，爸爸的手将宝宝的小手怎样？让宝宝不再怎样？③夏天，爸爸的大手为宝宝做什么？让宝宝睡得怎样？④爸爸的手是一双什么样的手？小棍在爸爸的手里一会儿变成什么？一会儿又变成什么？最后宝宝是怎么说的？

四、多形式讲述。

1. 教师讲述，引导儿童边看图边倾听，帮助儿童建立起语言与画面的联系。

2. 引导儿童与同伴互相讲述，看看谁讲得更连贯、更生动。

3. 请个别儿童在集体面前讲述画面内容，鼓励儿童讲话大方、声音响亮，提醒其他儿童耐心倾听。

活动资料

爸爸的手（看图讲述）

图一：爸爸的一双手能把我高高举过肩膀，让我在空中飞翔。

图二：冬天，爸爸的大手将我的小手搓暖，让我不再寒冷。

图三：夏天，爸爸的大手为我轻轻摇扇子，让我睡得更香。

图四：爸爸的大手是一双灵巧的手，小木棍在他手里一会儿变手枪，一会儿变汽车。我长大了，也要有一双和爸爸一样的大手。

四季转转转

春夏秋冬

活动目标

1. 能运用连贯、完整的语言讲述图片内容。

2. 知道四季的特征，感受各个季节的美丽。

3. 学会认读生字“春”“夏”“秋”“冬”。

活动准备

物质准备：(1)《阅读与书写》第 34 页。(2) 春、夏、秋、冬的图片一套，“春”“夏”“秋”“冬”的字卡若干，四季图的转盘一个。

活动过程

一、谈话引入，激发活动兴趣。

1. 提问：现在是什么季节？有哪些美丽的景色？

2. 小结：每个季节都有美丽的风景，我们一起来欣赏美丽的四季。

二、观看四季图片，了解四季变换。

1. 提问：图上有什么？是什么季节？

2. 教师根据儿童的回答出示“春”“夏”“秋”“冬”的字卡，并教儿童认读。

3. 启发儿童组词，例如“春天”“春雨”“春风”“夏天”“夏日”“夏季”“秋天”“秋风”“秋收”“冬天”“冬至”“立冬”……

三、游戏“四季转转转”。

玩法：儿童人手一张字卡，教师转动四季转盘，转到一个季节，拿着相应字卡的儿童就要第一时间将字卡举起来并说出来，如转到春天情境图，拿着“春”字的儿童就要举起卡片并念出“春”。

四、观察画面，看图讲述。

1. 请儿童翻开《阅读与书写》第 34 页，引导儿童仔细观察上半部分图片。

2. 提问：①你从画面上看到了什么？②谁对对小鸟说“我是春天”？③谁对青蛙说“我是夏天”？④谁鞠着躬说“我是秋天”？⑤谁大肚子一挺，顽皮地说“我就是冬天”？

3. 结合儿童的回答，丰富儿童“草芽尖尖”“荷叶圆圆”“谷穗弯弯”等词语。

4. 教师完整地讲述四张图片内容，引导儿童边观察图片边倾听。

5. 请儿童运用前面学习的词语在小组里与同伴互相讲述图片内容。

6. 请个别儿童在全班讲述图片内容，鼓励儿童讲话大方、声音响亮，提醒其他儿童耐心倾听。

五、操作练习。

1. 讨论交流：你知道每个季节都有什么花儿开放吗？

2. 引导儿童完成《阅读与书写》第 34 页“连一连”，启发儿童看一看、想一想，把两边的花和中间的文字连起来。

四 季 歌

活动目标

1. 仔细观察画面，理解诗歌内容。

2. 初步学会将画面内容与文字联系起来朗读。

3. 巩固对“春”“夏”“秋”“冬”4 个生字的认识。

活动准备

物质准备：(1)《阅读与书写》第 35 页。(2)“春”“夏”“秋”“冬”字卡一套。

活动过程

一、观察画面，理解内容。

1. 请儿童翻开《阅读与书写》第 35 页，引导儿童仔细观察图片，看看图片上有什么。

2. 提问：春天燕子在做什么？夏天太阳像什么？秋天西风吹熟了什么？冬天雪花怎么样？

3. 教师结合儿童的回答，介绍词语“做新窝”“像盆火”“吹熟果”“纷纷落”，并出示“春”“夏”“秋”“冬”字卡，巩固儿童认识。

二、学习朗读儿歌。

1. 教师朗读儿歌，引导儿童边观察图片边倾听，帮助儿童建立起图画和文字的联系。

四 季 歌

春天燕子做新窝，
夏天太阳像盆火，
秋天西风吹熟果，
冬天雪花纷纷落。

2. 教师带领儿童边看图边朗读儿歌。

3. 引导儿童指字朗读儿歌，并与同伴互读。

三、画一画。

1. 引导语：你最喜欢哪个季节？

2. 启发儿童根据儿歌《四季歌》的内容，画一画自己喜欢的季节，并给图画取个名字。

四、拓展延伸。

请儿童把自己绘画的图编成儿歌带回家说给家长听。

我要上小学啦

小　书　包

活动目标

1. 认识常用的学习用品，了解它们的用途。

2. 认识“笔”“刀”“尺”“包”等生字，并学会正确书写“刀”“尺”“包”。

活动准备

物质准备：(1) 铅笔、卷笔刀、尺子、书包的图片，以及“笔”“刀”“尺”“包”的汉字卡片。(2)《阅读与书写》第 36 页、第 37 页。

活动过程

一、导入课题。

1. 引导语：小朋友，你们很快就要升到小学，做一个小学生了。在入学前，你们的爸爸妈妈一定对你们提出了不少要求，也为你们准备了不少物品。大家说一说爸爸妈妈都为你们准备了些什么。

2. 启发儿童在小组里与同伴交流。

二、感知小书包的作用。

1. 出示学习用品图片和字卡，引导儿童认识“笔”“刀”“尺”“包”等字。

2. 提问：明明快上小学了，他书包里应该准备什么文具呢？

3. 小结：铅笔、卷笔刀、尺子、书包这些好朋友都能帮助我们学习，它们有一个共同的名字叫学习用品。

三、学习朗读儿歌。

1. 请儿童翻开《阅读与书写》第 36 页，看一看、说一说图上有什么。

2. 引导儿童边看图边倾听教师完整朗读儿歌《小书包》。

小　书　包

妈妈送我小书包，

背在身上多神气。

打开心爱的小书包，

一样一样看仔细：
铅笔、尺子、卷笔刀，
越看心里越欢喜。
背上心爱的小书包，
我呀就要上一年级。

3. 鼓励儿童跟着教师大声朗读儿歌《小书包》。

4. 启发儿童从儿歌的文字中找出的生字“笔”“刀”“尺”“包”。

四、学写生字。

1. 学写生字“刀”。

（1）出示带田字格的“刀”字，请儿童观察“刀”在田字格中的位置。

（2）教师示范书写，请儿童观察教师书写时的运笔过程。

刀：第一笔是“横折钩”，折笔稍向左下斜，斜而不倒，钩短小有力；第二笔是“撇”，在横下起笔，略带弧度。

（3）引导儿童在“描一描，写一写”中描、写“刀”字。

2. 学写生字“尺”。

（1）出示带田字格的“尺”字，请儿童观察“尺”在田字格中的位置。

（2）教师示范书写，请儿童观察教师书写时的运笔过程。

尺：第一笔是“横折”，横短，折笔稍左斜；第三笔是“撇”，在起笔处往左下，略带弧度。

（3）引导儿童在“描一描，写一写”中描、写“尺”字。

3. 学写生字“包”。

（1）出示带田字格的“包”字，请儿童观察“包”在田字格中的位置。

（2）教师示范书写，请儿童观察教师书写时的运笔过程。

包：第一笔是“撇”；第二笔是“横折钩”，下笔写短横，略顿笔后折向下，稍稍向左倾斜一点，到起钩处略顿笔后向左上方钩出；第三笔“横折”和第四笔“横”要写得短小；第五笔是“竖弯钩”，起笔要对齐“勹”的撇尖，要写得饱满。

（3）引导儿童在“描一描，写一写”中描、写“包”字。

四、操作练习。

请儿童完成《阅读与书写》第 36 页“连一连”，将学习用品图片与名称连起来。

活动建议

延伸活动：组织儿童进行整理书包比赛。

东 西 南 北

活动目标

1. 学会辨认方向，建立东、南、西、北的方位观念。

2. 能应用四个方位词来描述物体的位置关系。

3. 认识生字“东”“南”“西”“北”，并学会正确书写“东”“南”“北”。

活动准备

物质准备：(1)《阅读与书写》第 37 页、第 38 页。(2)“东”“南”“西”“北”字卡。

活动过程

一、认识生活中的“东南西北”。

1. 提问：现在是早晨，你们知道太阳从哪儿升起的吗？能用手指一指吗？

2. 小结：太阳升起的那方，我们称为“东方”。大家面对东方，向太阳问声“早上好”。

3. 提问：太阳从哪儿落下？请你也用手指一指。

4. 小结：太阳落下的那方，我们称为“西方”。大家面对西方，向太阳说声“再见”。

二、学习儿歌《东南西北》。

1. 引导语：怎样才能找到南面和北面呢？这有首儿歌，请仔细听并根据方向做动作。

2. 教师朗读儿歌：

东 南 西 北

早上起来，面向太阳。
前面是东，后面是西，
左面是北，右面是南。
东对西，南对北，
东南西北，我认清。

3. 教师带领儿童边做动作边朗读儿歌。

4. 儿童与同伴互读儿歌。

三、观察画面，认识方位和生字。

1. 引导语：请小朋友们翻开《阅读与书写》第 37 页，找一找学校东、南、西、北四个方向。

2. 提问：学校的教学楼在什么方向？（北。）学校的图书馆在什么方向？（西。）学校的旗台在什么方向？（东。）学校的大门在什么方向？（南。）

3. 教师结合儿童的回答出示“东”“南”“西”“北”的字卡，教儿童认读。

4. 请儿童完成《阅读与书写》第 37 页“辨一辨，连一连”。

四、学写生字。

1. 学写生字“东”。

（1）出示带田字格的“东”字，请儿童观察“东”在田字格中的位置。

（2）教师示范书写，请儿童观察教师书写时的运笔过程。

东：第一笔是“横”，横略向右上斜；第二笔是“撇折”，先撇后折，折笔在横中线上，折角适当，出锋勿长；第三笔是“竖钩”，在竖中线上，勾短小有力；第四笔是“左点”，上轻下重，左下微顿；第五笔是“右点”，由轻到重，上尖下圆，左右两点互相对称。

（3）引导儿童在“描一描，写一写”中描、写“东”字。

2. 学写生字“南”。

（1）出示带田字格的“南”字，请儿童观察“南”在田字格中的位置。

（2）教师示范书写，请儿童观察教师书写时的运笔过程。

南：第一笔是“横”，横略向右上斜；第二笔是“竖”，稍短；第三笔是“竖”，笔直挺立；第四笔是“横折钩”，在横中线上方一些起笔，折笔与左竖相对称，内部是“羊”少一横。

（3）引导儿童在“描一描，写一写”中描、写“南”字。

3. 学写生字“北”。

（1）出示带田字格的“北”字，请儿童观察“北”在田字格中的位置。

（2）教师示范书写，请儿童观察教师书写时的运笔过程。

北：第一笔是“竖”，笔直挺立；第二笔是“横”，在横中线上，稍短，不穿过竖笔；第三笔是“提”，末端与横对齐；第四笔是“撇”，略带弧度，不穿过竖笔；第五笔是“竖弯钩”，在竖中线右侧，拐弯自然，钩向朝上。

（3）引导儿童在“描一描，写一写”中描、写“北”字。

五、亲子作业。

请家长引导孩子完成《阅读与书写》第 38 页“走迷宫”练习，按“东—南—西—北”的顺序从家出发走到学校。

我喜欢运动

活动目标

1. 初步了解文中的几项体育运动，能读准字音。

2. 认识“扌”“⻊”两个偏旁。

3. 学会说句式“有的……有的……还有的……”。

活动准备

物质准备：（1）音乐《运动员进行曲》、播放器。（2）儿童在学校操场参加体育活动的挂图一幅（同《阅读与书写》第 39 页图）。(3)“跳绳”“踢球”“拍球”“投篮”“打羽毛球”“跨栏”“跑步”“拔河”等词语卡片一套，装有以上词语卡片的小信封每组一套。(4)《阅读与书写》第 39 页、第 40 页。

活动过程

一、音乐导入。

1. 播放《运动员进行曲》的音乐，引导儿童伴着音乐踏步；教师指着黑板上的挂图说：现在我们到了哪里？

2. 引导儿童观察挂图，说出：“现在我们到了操场上。”

二、看图读词。

1. 引导语：操场上的小朋友们玩得可开心了！谁能说说他们在做些什么体育活动？

2. 教师结合儿童的回答，逐一出示“跳绳”“踢球”“拍球”“投篮”“打羽毛球”“跨栏”“跑步”“拔河”等词语卡片让儿童认读，然后请儿童把词语卡片贴到相应的图上。

3. 引导儿童看图学说句式“有的……有的……还有的……”。

三、小组活动。

1. 教师引导儿童把以上体育活动的词语卡片分成两类：一类是“用手”的活动，一类是“用足”的活动。

2. 组织分组活动，请小组长打开教师发的小信封，拿出卡片组织组员认读。

3. 请一个小组的儿童把分成两类的字卡分别贴在黑板的左右两边。

4. 教师与其他儿童检查该组儿童的操作情况。

5. 请儿童完成《阅读与书写》第 39 页“认一认，连一连”。

四、学写生字。

1. 学写生字“拍”。

(1) 出示带田字格的“拍”字，请儿童观察“拍”在田字格中的位置。

(2) 教师示范书写，请儿童观察教师书写时的运笔过程。

拍：左边是“扌”，第一笔是“短横”，写在左格横中线偏上，横略向右上斜；第二笔是“竖钩”，写在短横的偏右一点，外形瘦长；第三笔“提”的末端与第一笔“横”的末端对齐。右边是“白”，第一笔是“撇”，起笔较“扌”稍低；第二笔是“竖”，在竖中线右侧一点；第三笔是“横折”，注意左右对称，第四笔和第五笔都是“短横”，先里面，后封口。

(3) 引导儿童在“描一描，写一写”中描、写“拍”字。

2. 学写生字“打”。

(1) 出示带田字格的“打”字，请儿童观察“打”在田字格中的位置。

(2) 教师示范书写，请儿童观察教师书写时的运笔过程。

打：左边提手旁同“拍”字的左边。右边是“丁”，第一笔是“横”，在右格横中线上一点起笔，横略向右上斜；第二笔是“竖钩”，在横的中间起笔往下，与提手旁的“竖钩”等高。

(3) 引导儿童在“描一描，写一写”中描、写“打”字。

3. 学写生字“投”。

(1) 出示带田字格的“投”字，请儿童观察“投”在田字格中的位置。

(2) 教师示范书写，请儿童观察教师书写时的运笔过程。

投：左边提手旁同“拍”字的左边；右边字形上收下放，与左边对齐，撇捺伸展，其中捺更伸展。

(3) 引导儿童在“描一描，写一写”中描、写“投”字。

五、操作练习。

请儿童完成《阅读与书写》第 40 页“填一填”，将动词填入括号内，组成完整的体育活动项目；并完成“说一说”，认真看图，说说图上有谁、在干什么。

数学思维

辨认方位

上下和里外

活动目标

1. 学会辨别物体上下、里外的空间位置。

2. 提高观察和辨别空间方位的能力。

活动准备

物质准备：(1)《数学思维》第 1 页。(2)“上”“下”“里”“外”的字卡各一张。

活动过程

一、实地观察，感知里外和上下的空间位置。

1. 引导儿童观察并说一说活动室里有什么、活动室外有什么。

2. 小结：活动室里有桌子、椅子和玩具柜，活动室外的走廊有娃娃家和建构区。

3. 引导儿童看一看桌子上有什么、桌子下有什么。

4. 小结：桌子上有一盒盒的积木，桌子下有一筐筐的塑料花片。

二、分组活动，进一步感知里外和上下的空间位置并认读生字。

1. 引导儿童分组活动，说说周围物体的里外和上下有些什么。

2. 贴出“上”“下”“里”“外”的字卡，引导儿童认读。

三、操作练习。

1. 引导儿童观察《数学思维》第 1 页“猴子的一家”画面，看一看、说一说小猴子们分别在哪里，猴王的左右分别有什么。

2. 启发儿童与同伴互相看一看、说一说。

3. 集中交流。

4. 小结：山上有 1 只猴王，山下有 4 只小猴；洞里有 2 只小猴，洞外有 3 只小猴；大树前面有 1 只小猴，大树后面有 2 只小猴；猴王的左边有 1 篮苹果，右边有一篮香蕉。

前后和左右

活动目标

1. 学会辨别物体前后、左右的空间位置。

2. 提高辨别空间方位的能力。

活动准备

物质准备：《数学思维》第 2 页。

活动过程

一、以自身为中心认识前后、左右。

1. 引导儿童看一看、说一说自己的前面或后面有谁，左边或右边有谁。

2. 教师小结，让儿童进一步理解以自身为中心的前后、左右方位。

二、游戏“捉迷藏”。

1. 要求被找到的儿童要站起来说出自己的方位，如“我躲在钢琴后面、电视机的前面”“我躲在桌子的右边、椅子的左边”。

2. 儿童分组游戏，每组请一人来抓，其余人躲。

三、操作练习。

引导儿童完成《数学思维》第 2 页“动物排队”和“动物九宫格”。

序　　数

活动目标

1. 能够从不同角度感知物体在序列中的位置并能用序数词表达出来。

2. 理解序数与数字的关系。

3. 能积极进行探索学习并体验数学活动的乐趣。

活动准备

物质准备：(1) 写有序号（10 以内）的“火车票”人手一张、小动物贴绒教具（各种小动物背着书包，每个书包上标有一个 10 以内的数字）、小动物秋游的郊外背景图。(2) 在活动室内用椅子摆成几列“火车”，每列“火车”有 10 节“车厢”。(3)《数学思维》第 3 页、第 4 页。

活动过程

一、出示“火车票”，激发兴趣。

1. 引导语：我们要出发去旅行啦，每个人手上都有一张“火车票”，请大家按照座位对号入座。

2. 儿童寻找座位坐好，教师提问：有坐错的吗？要按票上的座位号坐好。

二、出示动物秋游图，巩固儿童对序数的认知。

1. 提问：小动物们要去秋游啦，老师为每个人的书包贴上了数字，请大家看看，谁的位置排错了，我们来帮助它。

2. 引导儿童按顺序将排错的动物贴回正确的位置。

三、操作练习。

1. 提供《数学思维》第 3 页“坐缆车”，引导儿童与同伴看一看、说一说图上有哪些小动物。

2. 启发儿童讨论：小动物们去郊游，上山时，小熊、小鸟和小羊分别排第几位？下山时，它们又分别排在第几位？

3. 引导儿童在相应的方框里填上序号。

四、亲子作业。

请家长和儿童一起完成《数学思维》第 4 页的练习，看一看小动物们分别住在第几层、第几间，并在括号里填上相应的数字。

认识 5 以内的数

认识 5 以内的数

活动目标

1. 巩固认识 5 以内的数，理解数的含义。

2. 能积极参与活动，大胆交流。

活动准备

物质准备：(1) 5 以内数的数字卡片若干，5 以内数量的各种物品图片若干。(2)《数学思维》第 5 页。

活动过程

一、猜谜引入。

1. 引导语：老师请来一个数字宝宝，你们猜猜它是谁。肚子鼓鼓尾巴翘，就像一把小弯钩。对了，是数字 5。除了 5，5 以内数的数字宝宝分别像什么呢?

2. 鼓励儿童大胆想象，交流分享。

二、数字宝宝找朋友。

1. 引导语：每人手上都有一个数字宝宝，请你观察周围图中的物品有几个，将数字宝宝贴在相应的图上。

2. 儿童自由观察、操作。

3. 师生共同验证。

4. 小结：数量有多少，我们可以用相应的数字来表示。

三、操作练习。

引导儿童完成《数学思维》第 5 页“一盘水果”和“美丽的花朵”，根据图上内容填数字。

5 以内数的分解、组成

活动目标

1. 复习 5 以内的数及其分解、组成。

2. 学会根据分合式列 5 以内的加减法算式。

3. 发展思维的逻辑判断能力。

活动准备

物质准备：(1) 情境图（草地上有3朵花、2棵树，树上共有5个苹果，小熊一家围坐在树下，小熊从篮子里拿出5个苹果准备分给爸爸妈妈）。(2) 5以内数的数字贴绒卡片、5的分合式卡片人手一张。(3)《数学思维》第6页。

活动过程

一、出示情境图，复习5以内的数字。

1. 提问：草地上有几朵花？几棵树？树上有几个苹果？

2. 教师根据儿童的回答将数字卡片贴在图上相应的位置。

3. 引导儿童说一说图上分别有什么数字、代表什么，例如5代表5个苹果。

二、学习5的分解。

1. 提问：小熊想把篮子里的5个苹果分给爸爸和妈妈，有几种不同的分法呢？

2. 启发儿童把几种分法记录在5的分合式卡片上。

3. 出示5的分合图并小结：5可以分成1和4、2和3、3和2、4和1。

三、操作练习。

提供《数学思维》第6页“分食物”，引导儿童看图想一想有几种分法，并用数字记在分合式里，再根据分合式列加减法算式。

认识数字6～8

认识数字6～8

活动目标

1. 巩固认识数字6～8，并理解其意义。

2. 学会6～8的分解、组成，了解其互换和互补规律。

3. 进一步萌发学习数学的兴趣。

活动准备

物质准备：(1) 教具：6个红色圆点、7个蓝色圆点和8个黄色圆点卡片。(2) 学具：瓶盖、学习单若干。(3)《数学思维》第7页。

活动过程

一、利用圆点卡片，巩固对数字6、7、8的认知。

1. 出示6个红色圆点、7个蓝色的圆点和8个黄色圆点卡片上下并排排好，引导儿童点数各是多少个圆点，说出用什么数字表示；启发儿童比较谁多、谁少，多几、少几。

2. 小结：7比6多，7比8少，7比6多1，7比8少1。

二、通过“撒瓶盖”游戏，学习 6、7、8 的组成。

1. 第一次游戏：儿童两两一组，一个负责拿 6 个瓶盖往小盘里撒，另一个根据几个瓶盖是正面朝上的、几个瓶盖是反面朝上的结果在学习单上写出 6 的分合式。然后，教师组织儿童集中交流，引导儿童说出 6 个瓶盖可以分成几个正面朝上的和几个反面朝上的。教师结合儿童的答案在黑板上写出 6 的分合式，并引导儿童认读。

6	
╱	╲
1	5
2	4
3	3
4	2
5	1

2. 第二次和第三次游戏：教师参照第一次游戏过程，分别引导儿童学习 7 和 8 的组成。

7			8	
╱	╲		╱	╲
1	6		1	7
2	5		2	6
3	4		3	5
4	3		4	4
5	2		5	3
6	1		6	2
			7	1

三、探索发现 6、7、8 的几种分合式的排列规律。

1. 儿童两两一组讨论，寻找分合规律，教师观察指导。

2. 教师将 6、7、8 的分合式按数字顺序排列好，提问：你发现了什么秘密？左右两排数字是怎么排列的？

6			7			8	
╱	╲		╱	╲		╱	╲
1	5		1	6		1	7
2	4		2	5		2	6
3	3		3	4		3	5
4	2		4	3		4	4
5	1		5	2		5	3
			6	1		6	2
						7	1

3. 教师小结互换规律和互补规律。

（1）互换规律：一个数分成的两个数，位置可以互换。如 7 可以分成 1 和 6，也可以分成 6 和 1。

（2）互补规律：一个数分成的两个数，其中一个逐次增加 1，另一个逐次减少 1，但每次分成的两个数合起来都是原数，这称为“互补规律”。

四、操作练习。

请儿童观察《数学思维》第 7 页“分水果”情境图，想一想怎么分，并在分合式中写出 6、7、8 的分解组成。

6、7、8 的加减法

活动目标

1. 学会 6、7、8 的加减法列式和计算。

2. 发展逻辑思维能力。

3. 体验数学活动的乐趣。

活动准备

物质准备：（1）圆点卡片若干。（2）《数学思维》第 9 页、第 10 页。

活动过程

一、操作学具，学习 6 的加法。

1. 请儿童摆圆点，提醒儿童一边摆 5 个、一边摆 1 个。

2. 引导儿童按照从左到右的顺序观察，写出一个加法算式；再按照从右到左的顺序观察，写出一个加法算式。

3. 鼓励儿童交流自己所写的加法算式，教师结合儿童说的过程出示“5＋1＝　”和“1＋5＝　”两个算式。

4. 提问：两个算式相同吗？都是根据同一组圆点卡片写出的算式，为什么会不同？

5. 小结：由于我们观察的角度不同，所以写出的算式就不同。

6. 启发儿童计算“5＋1”和“1＋5”的得数，然后说一说自己计算的方法。

7. 引导儿童观察比较“5＋1＝6”和“1＋5＝6”。

引导语：请小朋友们仔细观察一下这两个算式有什么相同的地方和不同的地方。

小结：相加的两个数相同，位置不同，相加的得数相同。

8. 启发儿童通过摆圆点写出 6 的其他加法算式。

二、操作学具，学习 6 的减法。

1. 请儿童摆圆点。提醒儿童先摆 6 个，再拿走 1 个。

2. 引导儿童观察并写出算式：6－1＝5。

3. 提问：根据“5＋1＝6”和“6－1＝5”，你发现了什么？

4. 小结：“5＋1＝6”和“6－1＝5”，两个算式有联系。如果不摆圆点，想“5＋1＝6”

就可以算出“6－1＝5”。

5. 引导儿童从“4＋2＝6”的加法算式，推算出“6－2＝4”；从“3＋3＝6”的加法算式，推算出“6－3＝3”。

三、操作学具，分别学习 7 和 8 的加减法。

参照学习 6 的加法和减法过程，引导儿童借助学具，分别学习 7 的加法和减法以及 8 的加法和减法。

四、根据组成分解，学习 6、7、8 的加减法。

1. 引导语：如果不摆学具，你能算出“3＋3”的得数吗？怎么算？

2. 小结：可以想 6 的组成，3 和 3 组成 6，所以“3＋3＝6”。

3. 思考：“1＋6”和“6＋1”是不是也可以根据 7 的组成进行计算？“1＋7”和“7＋1”是不是也可以根据 8 的组成进行计算？

4. 启发儿童根据 6、7、8 的组成推算出 6、7、8 的加减算式。

五、操作练习。

请儿童完成《数学思维》第 9 页“算一算”，根据图上的内容与要求，在括号里填上相应的数字并计算。

六、亲子作业。

请家长和孩子一起完成《数学思维》第 10 页“算一算，涂一涂”，计算花瓣上的算式，并为花瓣涂上相应的颜色。

认识数字 9 和 10

活动目标

1. 学会 9 和 10 的分解、组成。

2. 学会 9 和 10 的加减法计算。

3. 发展逻辑思维能力。

活动准备

物质准备：(1) 瓶盖若干，儿童学习单人手一张。(2)《数学思维》第 8 页、第 10～14 页。

活动过程

一、学习 9 的分解组成。

1. 组织儿童两人一组，提供 9 个瓶盖，鼓励儿童通过撒瓶盖游戏，尝试在自己的作业单上写出 9 的分合式。

2. 教师观察指导，重点强调写时要按照左边递增和右边递减的顺序写，这样才不会漏，并知道总共可以分成几组。

3. 教师在黑板上书写 9 的分合式，引导全班儿童读一读。

9

╱╲

1　8

2　7

3　6

4　5

5　4

6　3

7　2

8　1

4. 请儿童完成《数学思维》第 8 页“漂亮的气球”第一题，巩固对 9 的分解组成的认识。

二、学习 9 的加减法。

1. 启发儿童运用 9 的分合式推出 9 的加法算式。

2. 启发儿童从 9 的加法算式推出 9 的减法算式。

引导语：从“5＋4＝9”可以推算出“9－4”的得数吗？

启发儿童试着用“想加法，算减法”的方法推算出 9 的几组减法，例如：从“6＋3＝9”加法算式推算出“9－3＝6”“9－6＝3”减法算式，从“7＋2＝9”加法算式推算出“9－2＝7”“9－7＝2”减法算式，从“8＋1＝9”加法算式推算出“9－1＝8”“9－8＝1”减法算式。

三、学习 10 的分解组成。

1. 组织儿童两人一组，提供 10 个的瓶盖，鼓励儿童通过撒瓶盖游戏，尝试在自己的作业单上写出 10 的分合式。

2. 教师观察指导，并在黑板上书写 10 的分合式，然后引导全班儿童读一读。

10

╱╲

1　9

2　8

3　7

4　6

5　5

6　4

7　3

8　2

9　1

3. 请儿童完成《数学思维》第 8 页“漂亮的气球”第二题，巩固对 10 的分解组成的认识。

四、学习10的加减法。

1. 启发儿童运用10的分合式推出10的加法算式。

2. 启发儿童运用10的加法算式推出10的减法算式。

引导语：从“5＋5＝10”可以推算出“10－5”的得数吗？

启发儿童试着用“想加法，算减法”的方法推算出10的几组减法，例如：从“8＋2＝10”加法算式推算出“10－2＝8”“10－8＝2”减法算式，从“7＋3＝10”加法算式推算出“10－3＝7”“10－7＝3”减法算式，从“6＋4＝10”加法算式推算出“10－4＝6”“10－6＝4”减法算式。

五、操作练习。

引导儿童完成《数学思维》第10～12页，根据要求练习。

六、亲子作业。

请家长与孩子一起完成《数学思维》第13页、第14页，引导儿童根据要求看图想一想、算一算，并将正确的数字填在括号里。

比　较

高矮与粗细

活动目标

1. 能用目测的方法准确比较高矮和粗细。

2. 知道高矮和粗细是相对的。

活动准备

物质准备：(1) 小猴、长颈鹿、兔子的图片各一张。(2) 红、黄、蓝、绿、黑等不同粗细的绳子每组一盒。(3)《数学思维》第15页。

活动过程

一、比高矮。

1. 出示动物图片，引导儿童观察比较。

(1) 提问：森林里举办动物比较高矮的大赛，小猴和长颈鹿比较谁高、谁矮？小猴和小兔比较谁高、谁矮？

(2) 小结：小猴比长颈鹿矮，但比兔子高。原来，高矮是相对的。

2. 儿童操作练习。

请儿童完成《数学思维》第15页“高矮与粗细”第一题，引导儿童观察比较大草地上动物们的高矮，按照从高到矮的顺序为它们标上序号，并说一说谁最高、谁最矮。

二、比粗细。

1. 引导语：今天，绳子也要举办比较粗细的大赛。每组的桌上有一个盒子，盒子里有各种颜色的绳子，请你帮它们找出最细的一条和最粗的一条，并按照绳子的粗细从左到右排序。

2. 小组操作，教师观察指导，并引导儿童与同伴交流自己的操作结果。

3. 集体交流分享。

（1）教师将某一组的排序展示在黑板上，引导儿童观察并说一说哪条绳子比哪条绳子细、哪条绳子比哪条绳子粗。

（2）小结：黄色绳子比蓝色绳子粗，但比绿色绳子细；绿色绳子比黄色绳子粗，但比红色绳子细；红色绳子比绿色绳子粗，但比黑色绳子细。因此，粗细是相对的。

4. 儿童操作练习。

请儿童完成《数学思维》第 15 页“高矮与粗细”第二题，引导儿童观察比较孙悟空变出的金箍棒哪根最粗、哪根最细，并按照从细到粗的顺序给它们排排队，将序号写在方框里。

轻重与远近

活动目标

1. 能用目测的方法准确比较轻重与远近。

2. 知道对比的对象、位置不同，结果也不同。

活动准备

物质准备：（1）一台天平、一块积木、一个铅笔盒、一盒饼干。（2）《数学思维》第 16 页。

活动过程

一、比轻重。

1. 出示天平，引导儿童了解天平是一种测量重量的工具，重的一边较低，轻的一边较高，一样重则两边平齐，像跷跷板一样。

2. 在天平两端分别放上积木和铅笔盒，提问：为什么天平会一边高、一边低？谁轻、谁重？

3. 小结：积木比较轻，铅笔盒比较重。

4. 将铅笔盒换成饼干，再次称量，提问：刚才积木和铅笔盒比，积木比较轻；现在积木和饼干比，结果一样吗？（不一样，饼干比较轻。）

5. 小结：和不同的物品比轻重，结果也不一样。

6. 儿童操作练习。

请儿童完成《数学思维》第 16 页“轻重与远近”第一题，引导儿童观察比较小熊和小羊谁轻、谁重，并在相应的地方标上轻与重的箭头。

二、比远近。

1. 观察钢琴的位置。

（1）提问：钢琴离门比较近，还是离桌子比较近？用什么方法可以知道？

（2）儿童分组讨论，并请代表进行全班交流。

（3）小结：可以用目测或工具测量的办法来比较远近。

2. 请一名儿童站在离钢琴较近、离门较远的位置，另一名站在离门较近、离钢琴较远的位置。

（1）提问：他们两人跟钢琴和门的距离有什么不同？

（2）小结：同样是和钢琴、门比，站的位置不同，比出的结果也不同。

三、儿童操作练习。

请儿童完成《数学思维》第 16 页“轻重与远近”第二题，启发儿童看一看小羊回家走哪一条路比较近、走哪一条路比较远，并把近的那条路用红色笔画出来。

厚　与　薄

活动目标

1. 能通过操作比较厚薄并排序。

2. 愿意与同伴一起操作，体验活动的乐趣。

活动准备

物质准备：（1）厚度不同的书本每组四本（其中蓝皮书和红皮书的厚度比较接近），记录表、笔。（2）《数学思维》第 17 页。

活动过程

一、导入活动。

出示厚度不同的四本书，设疑导入。

引导语：爸爸让丁丁到书城买一本最厚的书，丁丁该选哪一本？用什么办法可以比较这四本书谁厚、谁薄？

二、操作比较。

1. 分组操作，发现其中奥秘。

每组提供厚度不同的四本书，儿童观察比较，做好记录，并按记录表上的序号把书由厚到薄排序。

2. 请个别儿童与同伴交流自己在操作中的发现。

（1）提问：你用了什么办法比较四本书的厚薄？

（2）小结：可以用目测的方法进行比较。

（3）提问：有的小朋友说红书比蓝书厚，有的小朋友却认为蓝书比红书厚，怎样比较最准确？

（4）小结：可以把两本书放在一样平的桌上进行比较，用手拿着看不一定准确。

三、操作练习。

请儿童完成《数学思维》第 17 页“厚与薄”练习，按照要求连线、写序号。

多 与 少

活动目标

1. 能通过观察比较物体的多与少。

2. 理解“＜”“＞”和“＝”的意义。

3. 体验数学活动的乐趣。

活动准备

物质准备：（1）3 只兔子、3 根萝卜、2 棵青菜、4 朵蘑菇的图片各一张。（2）“＜”“＞”和“＝”的图卡。（3）《数学思维》第 18 页。

活动过程

一、观察画面，比较多少。

1. 请儿童翻开《数学思维》第 18 页“多与少”，引导儿童看一看图上有什么、各是多少。

2. 提问：图上有几只兔子？有几根萝卜、几棵青菜、几朵蘑菇？兔子和萝卜比、兔子和青菜比、兔子和蘑菇比，什么多、什么少？

二、结合图片，理解“＜”“＞”“＝”的含义。

1. 教师结合儿童的发言出示 3 只兔子和 3 根萝卜图片，引导儿童通过观察发现 3 只兔子和 3 根萝卜数量是一样多的。教师出示“＝”，告诉儿童这一符号叫等号，表示两样一样多。

2. 教师结合儿童的发言出示 3 只兔子和 2 棵青菜的图片，引导儿童通过观察发现 3 只兔子比 2 棵青菜多；出示“＞”，告诉儿童这一符号叫大于号，表示左边的数大于右边的数。

3. 教师结合儿童的发言出示 3 只兔子和 4 朵蘑菇的图片，引导儿童通过观察发现 3 只兔子比 4 朵蘑菇少；出示“＜”，告诉儿童这一符号叫小于号，表示左边的数小于右边的数。

4. 小结：“＜”“＞”和“＝”分别代表小于、大于和等于。

5. 请儿童完成《数学思维》第 18 页“多与少”，将“＜”“＞”“＝”填在相应的圆圈里。

推理、等量替换

活动目标

1. 能通过观察比较，理解等量替换的关系。

2. 能用等量替换的方式解决简单的问题。

3. 培养观察力和逻辑思维能力。

活动准备

物质准备：(1) 天平一组一个，记录卡人手一张，花片、积木、磁铁等每组若干。(2)《数学思维》第 19～21 页。

活动过程

一、借助天平，理解等量关系。

1. 出示天平，提问：1 块磁铁跟 2 块积木一样重，1 块积木跟 2 片花片一样重，那要多少片花片才能跟 1 块磁铁一样重呢？

2. 儿童分组操作并记录结果。

3. 小结：1 块磁铁和 4 片花片一样重。

二、操作练习。

提供《数学思维》第 19 页、第 20 页，引导儿童根据图上的提示想一想，并填上相应的数字。

三、亲子作业。

请家长和孩子一起完成《数学思维》第 21 页，根据图上的提示添画砖块。

分　类

活动目标

1. 学会按物体的某一特征进行分类。

2. 在观察比较中锻炼思维的正确性、敏捷性。

活动准备

物质准备：(1) 小熊便利店仓库情境图（图为一间仓库，墙边有几个货架，仓库中间凌乱地摆放着一些货品，如玩具、零食、饮料等）。(2) 作业单（上面画有一个货架，货架上摆着几个有共同特征的物品和一个不同特征的物品，如 5 个玩具，1 双鞋）人手一张。(3)《数学思维》第 22 页。

活动过程

一、出示小熊便利店仓库情境图，以小熊进货引入学习内容。

1. 引导语：小熊便利店进货了，请你们帮它看一看这些货品怎么整理更好。

2. 启发儿童自由讨论交流，大胆发表自己的看法。

3. 小结：可以根据货物的用途进行分类，也可以根据颜色、形状、大小等特点进行分类。

二、操作练习。

1. 出示作业单，引导儿童巩固练习。

引导语：小熊根据大家出的主意已经把仓库货架整理好了，可是粗心的它还是把个别物品摆错了。哪个物品和其他的不一样？请你仔细观察后圈出来，并和身边的伙伴说说原因。

2. 请儿童完成《数学思维》第 22 页的练习，分别把四幅图中不同类的那个物品圈出来。

认识几何形体

活动目标

1. 认识长方体、正方体、球体和圆柱体。

2. 能在生活环境中找出相似的形体。

3. 喜欢探究活动，提高观察能力。

活动准备

物质准备：(1) 长方体、正方体、球体、圆柱体、长方形、正方形、圆形等的积木或图卡每组一套，记录卡人手一张。(2)《数学思维》第 23～25 页。

活动过程

一、观察比较正方形和正方体。

1. 提问：正方形和正方体有什么相同？又有什么不同？

2. 小结：正方体是立体的，可以站立，它的每一面都是一个正方形；正方形是平面的，不能站立。

二、分组操作。

为每组提供一套长方体、正方体、球体、圆柱体、长方形、正方形、圆形等的积木或图卡，引导儿童观察比较其异同，并与小组同伴讨论交流。

三、游戏“找一找”。

1. 引导儿童找一找活动室中有哪些几何形体，并在记录卡上记录下来。

2. 提醒儿童带着记录卡进行观察记录。

3. 请儿童与同伴分享记录结果。

四、操作练习。

请儿童翻开《数学思维》第 23 页、第 24 页，引导儿童完成“帮小猴整理物品”“小猪盖房子”“小猴搭桥”练习。

五、亲子作业。

请家长和孩子一起完成《数学思维》第 25 页“建房子”“搭积木”练习，引导孩子看一看、数一数，并在括号里填上相应的数字。

认识时间

认识时钟

活动目标

1. 认识整点和半点，了解时间与作息的关系。

2. 学会珍惜时间，有初步的时间观念。

活动准备

物质准备：(1) 时钟、一日作息时刻表。(2)《数学思维》第 26 页、第 27 页。

活动过程

一、认识时钟。

1. 出示时钟，提问：时钟上有什么？分别代表什么？

2. 小结：时钟上的 12 个数字分别代表 1～12 点；长针是分针，代表分钟；短针是时针，代表小时。

二、认识整点和半点。

1. 提问：时钟上整点和半点有什么不同？

2. 小结：整点分针指在数字 12 上，时针指在数字上；半点分针指在数字 6 上，时针指在两个数字的中间。

三、了解一日作息。

1. 出示一日作息时刻表，提问：在一天里的不同时间，明明分别在做什么？

2. 小结：遵守健康的作息时间，身体会更健康。

四、思考与讨论。

1. 提问：平时应该怎样节约时间？

2. 小结：做事不拖拉，计划好的事情按时完成，才能养成珍惜时间的好习惯。

五、操作练习。

引导儿童完成《数学思维》第 26 页、第 27 页，连一连、画一画。

认识日历、月历和年历

活动目标

1. 认识日期，学会看日历、月历和年历。

2. 初步感知年、月、日的关系。

活动准备

物质准备：(1) 日历一本、年历人手一本（张）。(2)《数学思维》第 28 页、第 29 页。

活动过程

一、认识日历。

1. 出示日历，提问：今天是几月几日？星期几？你是怎么发现的？

2. 提问：日历中有什么？数字分别代表什么意思？

3. 小结：日历中的数字能让我们知道某天是几月几日和星期几。

二、认识月历和年历。

1. 出示年历，提问：年历中的数字大小、颜色不同，各是什么意思？一年中有几个月？

一个月有几天？一个星期有几天？

2. 小结：一年有 12 个月；12 个月中有的 30 天，有的 31 天，但 2 月比较特殊，有时有 28 天，有时有 29 天；一个星期有 7 天。

三、找生日。

请儿童在年历中找出自己的生日并圈出来，然后和身边的同伴说一说。

四、操作练习。

引导儿童完成《数学思维》第 28 页的练习，根据图上的提示想一想，并填上相应的日期。

五、亲子作业。

请家长与孩子一起完成《数学思维》第 29 页的练习，引导孩子看年历回答问题，并记录下爸爸妈妈和自己的生日。

认识数字 11～20

活动目标

1. 巩固对 11～20 之间数的认识。

2. 理解 11～20 数的实际意义。

3. 锻炼逻辑思维能力和运算能力。

活动准备

物质准备：(1) 1 个、2 个、3 个、4 个、5 个……10 个苹果的图片若干，11～20 数卡一套。(2)《数学思维》第 30 页、第 31 页。

活动过程

一、拍手数数。

引导儿童边拍手边数数。从 1 数到 20，从 20 数到 1。

二、借助苹果卡片，理解 11～20 的数。

1. 出示 10 个苹果和 1 个苹果、10 个苹果和 2 个苹果、10 个苹果和 3 个苹果……10 个苹果和 10 个苹果的图片（上下排成两排）。

2. 引导儿童观察，并数一数、说一说每组图片是多少个苹果。

3. 小结：10 添上 1 是 11，10 添上 2 是 12，10 添上 3 是 13……10 添上 10 是 20。

三、游戏“猜猜我是几”。

引导语：我是 10，猜猜我的后面是几。我是 12，猜猜我的后面是几。我是 15，猜猜我的后面是几。我是 18，猜猜我的后面是几。我是 19，猜猜我的后面是几。

教师结合儿童的回答出示 10～20 的数卡，引导儿童认读。

四、操作练习。

请儿童翻开《数学思维》第 30 页、第 31 页，启发儿童看一看、数一数农场里每种蔬果各有多少，并将正确的数字填写在括号里。

认识20以内单双数

活动目标

1. 认识20以内的单双数。

2. 了解单双数在生活中的运用。

活动准备

物质准备：(1) 小朋友排队去郊游的图片（背景为郊外草地，有两队小朋友两两牵着手排队走着，一队有20人，一队有19人）。(2)《数学思维》第32页。

活动过程

一、动物排队引入，认识单双数。

1. 出示小朋友排队去郊游的图片，提问：小朋友们排队去郊游啦，请你们看一看是不是每组小朋友都有伙伴拉手。

2. 引导儿童数一数两队分别有多少个人。

3. 小结：一队有20人，另一队有19人。像这样，两个两个在一起的，叫作双数，有2、4、6、8、10、12、14、16、18、20；只有一个，或两个两个在一起，最后还会剩下一个的，叫作单数，有1、3、5、7、9、11、13、15、17、19。

二、联系生活，讨论交流。

1. 分组讨论：生活中哪里有用到单双数？

2. 小结：单双数在生活中很有用，比如电影院座位、单双号电梯、车票等，正确运用单双数能给我们的生活带来方便。

三、操作练习。

提供《数学思维》第32页“开火车”，引导儿童帮列车长把正确的数字填在相应的车厢中。

20以内加减法计算

20以内加减法计算（一）

活动目标

1. 理解个位数和十位数的关系，巩固对11～20数的认识。

2. 能借助笔筒和小棒进行20以内的加法计算。

活动准备

物质准备：(1) 每组小棒若干、笔筒两个、1～9数字卡片一套，10根小棒图片和5根小棒图片各一张，“10＋5”和“15＋5”算式卡片各一张。(2)《数学思维》第33页。

活动过程

一、数数导入，激发兴趣。

组织儿童拍手数数，先从1数到20，然后从20数到1。

二、数小棒。

出示小棒图片，左图为10根小棒，右图为5根小棒，提问：左右小棒各有多少根？分别可以用什么数字表示？

三、借助笔筒和小棒，学习个位数和十位数。

1. 提问：把10根小棒捆成一捆，放在左边的笔筒里，把5根小棒放在右边的笔筒里，我们可以用什么数字来表示？

2. 小结：右边有5根小棒，用数字5表示，5所在的位置叫作个位；左边有10根小棒，我们用数字1表示，1所在的位置叫作十位，十位数上的1和个位数上的10一样多。

3. 引导儿童两两一组，一人在笔筒内放小棒，一人根据相应的数量放相应的数字卡片。

四、借助笔筒和小棒，学习20以内的加法计算。

1. 出示算式“10＋5”：这个算式该怎么算？5应该加在个位数还是十位数上？

2. 小结：不管加减都要从个位数开始，5应该加在10的个位数上，10＋5＝15。

3. 出示算式“15＋5”：个位数加起来已经有10了，十位数会怎么改变呢？

4. 小结：个位数“5＋5＝10”，十位数就要加上1，代表多了10个，15＋5＝20。

五、操作练习。

引导儿童完成《数学思维》第33页“数小棒”。

20以内加减法计算（二）

活动目标

1. 能借助笔筒和小棒进行20以内的减法计算，能进行简单的列式计算活动。

2. 乐意参加数学活动，体验数学活动的乐趣。

活动准备

物质准备：(1) 每组小棒若干、笔筒两个，“20－5”算式卡片一张。(2)《数学思维》第34～36页。

活动过程

一、借助小棒和笔筒，巩固对个位数和十位数的理解，学习20以内不借位减法。

1. 在十位数笔筒内放10根小棒，个位数笔筒内放8根小棒，提问：这可以用什么数字表示？

2. 将个位数笔筒内的小棒拿走5根，提问：现在可以用什么数字表示？你是怎么算的？请列出算式。

3. 小结：18 被减掉 5，要从个位数开始减，因为“8－5＝3”，所以是“18－5＝13”。

二、借助小棒和笔筒学习 20 以内的借位减法。

1. 出示算式“20－5”，提问：个位数的 0 比 5 小，不够减该怎么办？你是怎么算的？

2. 鼓励儿童分组利用小棒和笔筒进行探索。

3. 引导儿童学习借位减法：（个位数笔筒内空着，十位数笔筒内放着两捆各 10 根的小棒）十位数的 1 表示 10 个，当个位数不够减的时候，要向十位数借（从十位数笔筒内拿出 10 根小棒到个位数笔筒内），现在个位数已经向十位数借来了 10 根小棒，10－5＝5，个位数上用数字 5 表示，十位数已经被借走一捆 10 根小棒了，还剩一捆 10 根小棒，用数字 1 表示，所以“20－5＝15”。

4. 小结：减法要先从个位数开始减，不够减时向十位数借，十位数被借走了，就要减去 1。

三、操作练习。

引导儿童完成《数学思维》第 34 页“数果子”，根据题目的要求做一做。

四、亲子作业。

请家长和孩子一起完成《数学思维》第 35 页、第 36 页“算鸡蛋”“找朋友”“找食物”，巩固孩子 20 以内的加减法计算能力。

认识货币

活动目标

1. 能认识不同面值的人民币。

2. 初步学会使用人民币，体验数学与生活的联系。

活动准备

物质准备：（1）不同面值的纸币和硬币若干，背景音乐，播放器，数字卡，娃娃家超市的活动材料。（2）《数学思维》第 37 页、第 38 页。

活动过程

一、引入活动。

1. 提问：这是什么？钱有什么用？这些钱都一样吗？你是怎么发现的？

2. 小结：这些纸币和硬币的面值不同，代表不同的价值。

3. 游戏“找朋友”：儿童人手 1 张纸币或 1 个硬币，在音乐声停止时找到和自己面值相同的朋友。

二、理解换算关系。

1. 提问：1 张 10 元可以换几张 5 元？几张 1 元？1 个 1 元的硬币可以换几个 5 角硬币？可以换几个 1 角硬币？

2. 游戏“加一加”：儿童人手拿着 1 张 5 元纸币或 1 张 1 元纸币或 1 个 1 元硬币，教师出示数字卡，上面贴有“X元”字样（$6\leqslant X\leqslant 10$），儿童在音乐声中找到加起来得数是卡片上数字的朋友。

三、体验购物。

1. 引导语：娃娃家超市开张啦，大家可以去购物了，看看手中有多少钱，能买超市里的什么东西，想想钱不够的时候怎么办。

2. 儿童自由操作。

3. 集中交流。提问：你买了什么？花了多少钱？找回多少钱？不够的时候怎么办？

4. 小结：不够的时候可以和伙伴一起买，也可以讲价。

四、操作练习。

提供《数学思维》第 37 页“多少钱”，引导儿童看一看每人各有多少钱，并将他和相应的商品连起来。

五、亲子作业。

请家长与孩子一起完成《数学思维》第 38 页，引导孩子说一说文具店里每种文具多少钱，小朋友选完各自的文具后需要付多少钱，还剩多少钱，并将正确的数字填在括号里。

按群计数

活动目标

1. 能探索和发现按群计数的方法。

2. 乐于参加数数活动，体验不同方法数数的乐趣。

活动准备

物质准备：(1) 每人一包糖果、三个小盒子、一张记录表、一支笔。(2)《数学思维》第 39 页、第 40 页。

活动过程

一、以包装糖果引入，学习按群数数。

1. 提问：糖果厂暂时找不到工人帮忙，老板想请大家帮忙，为每盒装 100 个糖果，你有几种数糖果的方法？哪些方法又快又简便？

2. 儿童分组探索操作，并做记录。

3. 集中交流，提问：要数出 100 个糖果有几种数数方法？哪些方法能较快数出 100 个糖果？

4. 小结：这种按 2 个、5 个、10 个数数的办法叫作按群计数，生活中我们需要数大量的物品时，这种办法能数得又快又准。

二、操作练习。

引导儿童完成《数学思维》第 39 页、第 40 页“数数乐”，看图数数，感受按群计数的乐趣。

拼音学习

学习单韵母

学习单韵母 ɑ

活动目标

1. 掌握单韵母 ɑ，能准确发音、正确书写。

2. 认识声调符号，能正确认读带调的单韵母 ɑ。

活动准备

物质准备：（1）拼音王国图片（用简笔画勾勒城堡图和三座房子图）、带有手脚的拼音 ɑ 卡片。（2）《拼音学习》第 1 页、第 2 页。

活动过程

一、情境导入。

1. 引导语：小朋友，从今天起老师要带你们去一个非常奇妙的地方，那就是拼音王国。（出示用简笔画勾勒的城堡图）拼音王国中有很多的拼音，认识了它们，你就能识字、读书，还会说一口好听的普通话，想和老师一起去认识它们吗？

2. 出示三座房子图片：拼音王国中有三大家族，他们分别是声母、韵母、整体认读音节。今天，我们来认识韵母家族中一个可爱的孩子，他就是 ɑ。（出示带有手脚的拼音 ɑ 卡片，挥动卡片）嗨，小朋友们好！（引导儿童与拼音 ɑ 打招呼。）

二、学习单韵母 ɑ。

1. 读准音。

（1）请儿童翻开《拼音学习》第 1 页，引导儿童看一看、找一找图上有谁以及在干什么。

引导语：我们的 ɑ 很害羞，躲到图中去了，你能把它找出来吗？

（2）引导儿童跟唱。

引导语：哦，是小姑娘在唱歌，发出了 ɑ ɑ ɑ 的声音。她的嘴巴是怎样的呢？（张得大大的。）你能模仿她吗？（引导儿童模仿 ɑ 的口型。）大家一起学着她的样来唱一唱：

1 3 | 5 3 | 1 —

ɑ ɑ ɑ ɑ ɑ

（3）教师示范，儿童跟读：张大嘴巴 ɑ ɑ ɑ，小女孩唱歌 ɑ ɑ ɑ，ɑ ɑ ɑ 阿姨的阿，医生检查口腔 ɑ ɑ ɑ。教师倾听儿童的发音，及时纠正。

引导语：我们念 ɑ 的时候，也和唱歌一样，要张大嘴巴，口形保持不变。

2. 记字形。

（1）引导语：ɑ 像什么？（ɑ 像一个小姑娘圆圆的脸蛋，头上还扎着一根小辫子。）

（2）利用顺口溜帮助儿童记忆 ɑ 的字形：圆脸小姑娘，小辫右边扎，要问她是谁，就

是 ɑ ɑ ɑ。

3. 学写 ɑ。

（1）认识四线格。

①引导语：每个小朋友都有一个温暖的家，咱们的拼音宝宝 ɑ 也有自己的家，它的家在哪儿呢？

②请儿童翻开《拼音学习》第 1 页，引导儿童观察拼音格。

引导语：拼音宝宝的家就是这拼音格，数一数拼音格有几根线、几个格子。

③引导儿童学习儿歌：

拼音格，四条线，
拼音娃娃住里面。
上下格的占一半，
中格写满顶两边。

（2）教师范写，儿童书空。

①教师边范写边讲解：ɑ 的家住在拼音格二楼。ɑ 要两笔写成。第一笔半圆，写的时候半圆要碰到上下线，而且要一笔写成；第二笔竖弯，末尾的弯向右边弯一点儿，不要太长。

②引导儿童伸出食指书空 ɑ。

（3）儿童书写：请儿童翻开《拼音学习》第 2 页，先描红，再书写。

4. 学习 ɑ 的四声。

（1）教师范写“ā、á、ǎ、à”，引导儿童学习 ɑ 的四声。

引导语：单韵母 ɑ 的头上常有四顶不同的帽子。它戴上不同的帽子后，读起来的声调也就不同了。这四顶帽子就是“声调符号”，我们根据符号读韵母：

ā 戴上了第一顶平平的帽子，就是第一声，读音也是平平的。“阿姨”的“阿”就是这个音。（引导儿童跟读 ā。）

á 戴上了第二顶从左下到右上的帽子，就是第二声。第二声是上坡，读的时候声音要往上扬。就像有人问你话，没听清时，你会问：“á，你在说什么？”就是这个音。（引导儿童跟读 á。）

第三声要下坡再上坡，我们读的时候也要这样拐弯。（教师边做手势边引导儿童跟读 ǎ。）

第四声是下坡，声音也要从高往下降。（教师边做手势边读 à，引导儿童跟读。）

（2）巩固练习。

①请儿童翻开《拼音学习》第 2 页，学习声调歌：

一声高高平又平，
二声就像上山坡，
三声下坡又上坡，
四声就像下山坡。

②以儿歌的形式引导儿童巩固 ɑ 的四声：汽车平地走 ā ā ā，汽车上坡 á á á，汽车下坡又上坡 ǎ ǎ ǎ，汽车下坡 à à à。

5. 看图拼读。

请儿童翻开《拼音学习》第 2 页，看一看图上有什么，并引导儿童拼读“阿姨、娃娃、马”。

学习单韵母 o、e

活动目标

1. 掌握韵母 o、e，能准确发音、正确书写。

2. 能正确认读带调的单韵母 o、e。

活动准备

物质准备：(1) 拼音卡片“ɑ、o、e”各一张，公鸡、大白鹅图片各一张。(2)《拼音学习》第 3～5 页。

活动过程

一、复习单韵母 ɑ。

1. 出示拼音卡片 ɑ，提问：小女孩唱歌，你知道她在唱什么吗？

2. 引导儿童认读带调韵母 ā、á、ǎ、à。

二、学习单韵母 o。

1. 读准音。

(1) 引导语：小女孩动听的歌声引来了许多小动物，你们看谁来了。(出示公鸡图片) 公鸡在干什么？谁来学一学？

(2) 小结：公鸡发出的“喔喔”声短一些，就是我们要学习的字母 o 的发音。

(3) 出示拼音卡片 o，引导儿童学习 o 的发音；可利用“大公鸡 o o o”“嘴巴圆圆 o o o”等顺口溜帮助儿童记忆 o 的发音。

2. 认字形。

(1) 引导语：o 像什么？怎样记住它的字形？

(2) 利用顺口溜帮助儿童记忆 o 的字形：嘴巴圆圆 o o o，一个圆圈 o o o。

3. 看图拼读。

请儿童翻开《拼音学习》第 3 页，看一看图上有什么，并引导儿童拼读“蜗牛、我、握手”。

4. 学写 o。

(1) 教师范写：o 也占中格，一笔写成。

(2) 引导儿童书空练习。

(3) 儿童书写：请儿童翻开《拼音学习》第 3 页，先描红，再书写。

三、学习单韵母 e。

1. 读准音。

（1）引导语：听到公鸡的叫声，大白鹅也来了。（出示大白鹅图片，引导儿童和它打招呼。）

（2）由“大白鹅”引出 e 的发音，引导儿童学习。

教师示范，儿童练习；引导儿童利用顺口溜“嘴巴扁 e e e”，记忆 e 的发音口形。

2. 记字形。

（1）引导语：e 像什么？怎样记住它的字形？

（2）利用顺口溜帮助儿童记忆 e 的字形：大白鹅倒影 e e e。

3. 看图拼读。

请儿童翻开《拼音学习》第 4 页，看一看图上有什么，并引导儿童拼读“飞蛾、额头、鳄鱼”。

4. 学写 e。

（1）教师范写：e 也占中格，先在中格的中间写横，然后连着写左半圆。注意 e 是一笔写成的。

（2）引导儿童书空练习。

（3）儿童书写：请儿童翻开《拼音学习》第 4 页，先描红，再书写。

5. 操作练习。

请儿童翻开《拼音学习》第 5 页，根据要求完成“ɑ o e 的练习”。

学习单韵母 i、u、ü

活动目标

1. 掌握单韵母 i、u、ü，能准确发音、正确书写。

2. 能正确认读带调的单韵母 i、u、ü。

3. 知道 i 上标声调时，上面的小圆点不写。

活动准备

物质准备：（1）“ɑ、o、e”的四种声调的卡片。（2）《拼音学习》第 6～9 页。

活动过程

一、复习单韵母 ɑ、o、e。

击打游戏：在黑板上出示 ɑ、o、e 的四种声调的卡片，请两个儿童上台，每人手拿一把锤子，击打教师读到的那个带调韵母，看儿童的反应能力。

二、学习单韵母 i。

1. 引导语：今天，我们再来认识三个拼音朋友——单韵母 i、u、ü，希望每个小朋友仔细看、认真听、正确念、牢牢记。第一个朋友是单韵母 i。

2. 初步感知。

（1）请儿童翻开《拼音学习》第 6 页，看一看图上画着什么。

(2) 小结：衣服的“衣”跟我们要学的单韵母 i 的发音相同。

3. 读准音。

(1) 教师示范发音，提醒儿童注意看教师的口形。

(2) 提问：老师发音时牙齿怎么样？

(3) 编顺口溜：牙齿对齐 i i i。(引导儿童跟读。)

4. 记字形。

引导语：i 像什么？(像笔、筷子等。)

5. 学习 i 的四声。

(1) 引导语：i 和 a、o、e 一样，可以戴上四顶帽子。仔细看，i 戴上帽子后和原来有什么不同。

(2) 出示 ī、í、ǐ、ì，利用儿歌小结：小 i 有礼貌，标调就摘帽。

(3) 教师范读：ī，这件衣服真好看！í，咦？我的铅笔在哪儿？ǐ，拿把椅子您请坐。ì，你的意思我明白。

6. 看图拼读。

请儿童翻开《拼音学习》第 6 页，看一看图上有什么，并引导儿童拼读“医生、阿姨、蚂蚁”。

7. 学写 i。

(1) 教师范写 i，引导儿童观察 i 的书写笔顺；强调先写“ı”，再在“ı”上加点，两笔写成；引导儿童书空练习。

(2) 请儿童翻开《拼音学习》第 6 页，先描红，再书写。

三、学习单韵母 u。

1. 初步感知。

(1) 请儿童翻开《拼音学习》第 7 页，看一看图上画着什么。

(2) 小结：火车鸣笛 u u u，火车的叫声就是单韵母 u 的发音。

2. 读准音。

(1) 教师示范发音，让儿童听音、看口形。

(2) 讲解发音要点：发 u 音，嘴唇拢圆，只留一个小孔，舌头向后缩，舌根抬起，发音口形不变。

(3) 编顺口溜：嘴巴突出 u u u。(请儿童跟读。)

3. 记字形。

引导语：u 像什么？(像鸟窝、茶杯等。)

4. 学习 u 的四声。

引导语：(出示 ū、ú、ǔ、ù) ū，第一顶帽子平平的，谁会念？ū ū ū，火车呜呜叫。ú，第二顶帽子上山坡，谁会念？ú ú ú，没有就是“无”。ǔ，第三顶帽子转个弯，谁会念？ǔ ǔ ǔ，一二三四五。ù，第四顶帽子下山坡，谁会念？ù ù ù，我们爱公物。

5. 看图拼读。

请儿童翻开《拼音学习》第 7 页，看一看图上有什么，并引导儿童拼读“乌鸦、小屋、五角星”。

6. 学写 u。

(1) 教师范写 u，两笔写成，引导儿童认真观察。

(2) 请儿童翻开《拼音学习》第 7 页，先描红，再书写。

四、学习单韵母 ü。

1. 初步感知。

(1) 请儿童翻开《拼音学习》第 8 页，看一看图上画着什么。

(2) 小结：一条大鱼在水里吹泡泡。“鱼”的发音就是单韵母 ü 的音。

2. 读准音。

(1) 教师示范发音，引导儿童看口形。

(2) 讲解发音要点：ü 的发音，舌位和 i 相同，只是嘴唇撮成圆形即可，发音时口形不变，口形像在吹笛子。

(3) 引导儿童跟读。

3. 记字形。

(1) 引导语：u 和 ü 的字形有点相同，比一比，又有点不同，谁来说说有什么不一样？

(2) 教顺口溜：u 上加点 ü ü ü，小鱼吐泡 ü ü ü。

4. 学习 ü 的四声。

(1) 引导语：ü 也戴上了帽子（出示 ü 的四声）。他姓於，ǖ ǖ ǖ。我吃鱼，ǘ ǘ ǘ。天下雨，ǚ ǚ ǚ。一块玉，ǜ ǜ ǜ。

(2) 提问：ü 上标调两点能去掉吗？为什么？

(3) 小结：不能去掉，如果去掉两点会和 u 相混淆的。

5. 看图拼读。

请儿童翻开《拼音学习》第 8 页，看一看图上有什么，并引导儿童拼读“毛驴、女孩、绿地”。

6. 学写 ü。

(1) 引导儿童观察 ü 住在四线格的哪里，并分解示范 ü 的书写。

(2) 引导儿童书空练习。

(3) 请儿童翻开《拼音学习》第 8 页，先描红，再书写。

五、练习巩固。

请儿童翻开《拼音学习》第 9 页，根据要求完成“i u ü 的练习”。

学习声母和整体认读音节

学习声母 b、p

活动目标

1. 掌握声母 b、p，能准确发音、正确书写。

2. 初步学会 b、p 与单韵母的拼读，初步了解拼读的方法。

活动准备

物质准备：(1) 单韵母“ɑ、o、e、i、u、ü”的拼音卡片。(2)《拼音学习》第 10 页、第 11 页。

活动过程

一、复习单韵母。

引导儿童运用拍手念儿歌的方式复习 6 个单韵母：

张大嘴巴 ɑ ɑ ɑ，圆圆嘴巴 o o o。

扁扁嘴巴 e e e，牙齿对齐 i i i。

嘴巴小圆 u u u，撅起嘴巴 ü ü ü。

二、新课导入。

引导语：我们学习单韵母是为了跟声母拼音。一个声母和一个单韵母能拼出一个音节。如果我们学会了声母和韵母，掌握了拼音方法，自己就能认识很多很多汉字了。今天，我们要学会两个声母以及它们和单韵母拼音的方法。小朋友要记得声母发音时要读得又轻又短。

三、学习声母 b。

1. 初步感知。

(1) 看图引出 b：请儿童翻开《拼音学习》第 10 页，看一看图上画着什么。

(2) 小结：大肚子伯伯 b b b。

2. 读准音。

引导语：声母发音时，要注意“学声母，看口形，听清音，记住形”。

(1) 讲解发音要领：双唇紧闭，然后突然张开，读得轻又短。

(2) 教师范读，儿童跟读。

3. 记字形。

引导语：b 像什么？(b 像一个大肚子，b 像个 6。)

编顺口溜：像个 6 字 b b b，右下半圆 b b b。

4. 学写 b。

(1) 教师在拼音格中范写：b 是两笔写成，先竖再半圆。

(2) 引导儿童书空练习。

（3）请儿童翻开《拼音学习》第10页，先描红，再书写。

四、学习b与单韵母的拼读。

1. 谈话引入。

引导语：声母b想和单韵母做朋友，但是单韵母说了能和他们拼出来的才可以做朋友，我们帮他们找一下好朋友吧！

（1）教师在黑板上写出数字“8”，提问：这个数字怎么读？

（2）小结：“8”读bā。

2. 卡片演示，两音相碰。

（1）引导语：b—ā→bā。拼音的时候，前面的声母要念得轻短，后面的韵母要带调读，读得响亮。声母和韵母很快地连起来读，就成一个音节了。

（2）提问：拼音的口诀是什么？

（3）小结：前音轻短后音重，两音相连猛一碰。

3. 学习儿歌。

引导儿童朗读儿歌：小白兔，小白兔，两只耳朵高高竖，红红眼睛三瓣嘴，来到地里拔（bá）萝卜。拔（bá）呀拔（bá），拔（bá）呀拔（bá），拔（bá）了一个大萝卜。（可边做动作边念。）

4. 操作练习。

引导儿童完成《拼音学习》第10页“读一读”“拼一拼”“说一说”。

五、学习声母p。

1. 初步感知。

（1）看图引入：请儿童观察《拼音学习》第11页，看一看图上画着谁以及在干什么。

（2）小结：婆婆泼水p p p。婆婆的“婆”声母是p（出示卡片p）。

2. 读准音。

（1）教师示范发音，要求儿童仔细听，认真看。

（2）讲解发音要领：发音时，双唇紧闭，突然张开，把很强的气送出。发出p的声音，要轻而短。

（3）引导儿童练习发音。

（4）b和p对比读。

①引导语：请小朋友看老师读b和p时有什么不一样。

②教师将一张白纸放在嘴前，读b时白纸不动，读p时气流吹动白纸，引导儿童对比体会b和p哪一个读起来有一股气送出。

3. 记字形。

（1）引导语：p像什么？（p像一只气球，p像停车的记号，p像个反写的“9”。）

（2）编顺口溜：“9”字反写p p p，一只气球p p p。

4. 学写p。

（1）教师范写，强调 p 是两笔写成，先竖再半圆。

（2）引导儿童书空练习。

（3）请儿童翻开《拼音学习》第 11 页，先描红，再书写。

六、学习 p 与单韵母的拼读。

1. 学习音节。

（1）提问：小朋友坐的姿势很重要，不能趴着。“趴”的声母、韵母是什么？第几声？

（2）讲解拼读方法：pā 发音时，我们应该先摆好声母“p”的口形，然后很快把韵母“ā”连上去。一口气读出，就是“pā”，趴着的“趴”。

2. 引导儿童完成《拼音学习》第 11 页“读一读，连一连”“拼一拼”“读一读”。

学习声母 m、f

活动目标

1. 掌握声母 m、f，能准确发音、正确书写。

2. 学会 m、f 与单韵母的拼读。

3. 初步掌握拼读法。

活动准备

物质准备：（1）“b、p、m、f”拼音卡片一套。（2）《拼音学习》第 12～14 页。

活动过程

一、复习拼读音节。

1. 认读拼音卡片 b、p。

2. 拼读：bā、bá、bǎ、bà、pā、pá、pǎ、pà。

3. 教师重点指导儿童用“前音轻短后音重，两音相连猛一碰”的方法拼读。

二、学习声母 m。

1. 初步感知。

（1）请儿童观察《拼音学习》第 12 页，看一看图上画着什么。

（2）小结：两个门洞 m m m。

2. 读准音，认清形。

（1）教师范读，引导儿童看口形，仔细听。

（2）强调发音要领：嘴闭拢，声音从鼻子里出来。

（3）教师领读，儿童跟读，及时帮助儿童正音。

（4）记字形：m 像两个门洞。

3. 学写 m。

（1）教师范写，说明 m 是三笔写成，结合四线三格的位置讲解。

（2）引导儿童书空练习。

（3）请儿童翻开《拼音学习》第 12 页，先描红，再书写。

4. 学习 m 与单韵母的拼读。

(1) m 与单韵母 o 的拼读。

请儿童翻开《拼音学习》第 12 页，看图拼读 m 和单韵母 o。

(2) m 与单韵母 a、o、i、u 的拼读。

请儿童翻开《拼音学习》第 12 页，完成“拼一拼”“说一说”。

三、学习声母 f。

1. 初步感知。

(1) 请儿童观察《拼音学习》第 13 页，看一看图上画着什么。

(2) 小结：一尊大佛 f f f。“佛”的声母就是 f（出示卡片 f）。

2. 引导儿童边做动作边念儿歌：

fó，fó，fó，
我有一尊大肚佛，
圆圆脑门圆肚皮，
成天乐得笑呵呵。

3. 读准音，认清形。

(1) 教师示范，强调发音要领：上牙轻轻地放在下唇上，摩擦一下发出音。

引导语：一个小朋友手上扎了根小刺。妈妈把刺挑出来，吹着他的手说：“f，f，不疼了！”“f，f”就像声音 f 的读音。

(2) 教师领读，儿童跟读，及时帮助儿童正音。

(3) 记忆形：f 像伞柄、拐杖等。

4. 学写 f。

(1) 教师范写，说明 f 是两笔写成。

(2) 引导儿童书空练习。

(3) 请儿童翻开《拼音学习》第 13 页，先描红，再书写。

5. 学习 f 和单韵母的拼读。

(1) f 与单韵母 a 的拼读。

请儿童翻开《拼音学习》第 13 页，看图拼读 f 和单韵母 a。

(2) f 与单韵母 a、o、u 的拼读。

请儿童打开《拼音学习》第 13 页，根据要求完成“拼一拼”“说一说”。

四、巩固练习。

1. 卡片认读 b、p、m、f。

先按顺序再随机出示卡片引导儿童认读。

2. 接顺口溜练习读音。

（师）右下半圆，（生）b b b。

（师）两个门洞，（生）m m m。

（师）右上半圆，（生）p p p。

（师）一根拐杖，（生）f f f。

3. 运用唱歌形式复习。

教师可把儿童学过而且喜欢的歌曲的歌词换成这节课编的顺口溜，例如：

5 3 5 3 | i 6 5 | 3 1 3 1 | 5 3 2 | 3.2 1 2 |

右下 半圆 b b b，右上 半圆 p p p，两个 门洞

3 5 6 | 6 5 3 6 | 5 – | 5 2 3 | 1 – ‖

m m m，一根 拐 杖 f f f f。

五、操作练习。

引导儿童打开《拼音学习》第 14 页，根据要求完成“b p m f 的练习”。

学习声母 d、t

活动目标

1. 掌握声母 d、t，能准确发音、正确书写。

2. 学会 d、t 与单韵母的拼读。

活动准备

物质准备：（1）单韵母和声母“d、t”卡片各一套，“da、de、di、du”卡片一套，“ta、te、ti、tu”卡片一套。（2）《拼音学习》第 15 页、第 16 页。

活动过程

一、复习引入。

1. 出示单韵母卡片，引导儿童以开火车的形式认读。

2. 区别 b 与 p。

（1）出示已学声母：这些声母中有一对双胞胎兄弟，你知道吗？（请儿童个别回答，指出 b 与 p 是一对“双胞胎”。）

（2）引导语：声母妈妈常常忘记他们，你能帮她记住吗？

（3）引导儿童记忆：读到 b 就想到广播，读到 p 就想到脸盆泼出水，这种方法也能帮你记住他们（教师边介绍边板画）。

二、学习声母 d。

1. 读音。

（1）引导儿童翻开《拼音学习》第 15 页，观察图片：有一匹小马跑得特别欢快，小马蹄发出“嘚嘚嘚”的响声，这个响声就是我们今天要认识的声母 d 的发音。

（2）示范发音，讲解发音方法：把“嘚”读得短些、轻些，就是 d 的音。发音时，舌尖抵住上牙床，憋住气流，然后舌尖突然放开，不送气。

（3）请会认读的儿童当小老师，带领大家认读；启发全体儿童把手放在嘴边感受气流的强弱。

（4）引导全班儿童跟读若干遍，及时纠正儿童的发音。

2. 记形。

（1）引导语：字母 d 像什么？你来编个儿歌记住它。

（2）鼓励儿童用编顺口溜的形式记忆字形：小马奔跑 d d d、小鼓敲敲 d d d。

3. 书写。

引导语：声母 d 住在哪里？我们一起将 d 送回家吧。看看书，它住在第几格？

（1）教师根据儿童的回答在四线格中范写 d。

（2）引导儿童书空练习。

（3）引导儿童翻开《拼音学习》第 15 页，先描红，再书写。

4. 拼读。

（1）引导语：d 也想找朋友一起玩，大家看，他都找到了哪些朋友。

（2）分别出示“da、de、di、du”的卡片，引导儿童以儿歌的形式拼读：小鼓敲，da da da；马蹄响，de de de；汽车开，di di di；敲门声 du du du。

（3）请儿童翻开《拼音学习》第 15 页，完成“读一读”“拼一拼”“说一说”。

三、学习声母 t。

1. 读音。

（1）请儿童翻开《拼音学习》第 16 页，观察图片，引出声母 t。

（2）示范发音，讲解发音方法：舌尖抵住上牙床，然后突然放开，要送气。

（3）引导儿童边发音边把手放在嘴边感受气流的强弱，与 d 比较，知道 t 的气流较强。

2. 记形。

（1）引导语：字母 t 像什么？

（2）鼓励儿童用编顺口溜的形式记忆字形：伞把朝下 t t t。

3. 书写。

引导语：我们一起将声母 t 送回家吧，看看它住在第几格。

（1）教师根据儿童的回答在四线格中范写 t，强调 t 有两笔，先写竖弯，再写横。

（2）引导儿童书空练习。

（3）请儿童翻开《拼音学习》第 16 页，先描红，再书写。

4. 拼读。

（1）引导语：看一看，t 找到了哪些朋友。

（2）分别出示“ta、te、ti、tu”的卡片，引导儿童练习拼读。

（3）请儿童翻开《拼音学习》第 16 页，完成“读一读”“拼一拼”“说一说”。

四、游戏巩固。

1. 教师根据音节“dǎ、dǎ、dī、dī、tà、tà、tī、tī”做示范动作：左手打右手，右手打左手；低低头，低低头；踏左脚，踏右脚；踢左脚，踢右脚。

2. 引导儿童边念音节边做动作。

学习声母n、l

活动目标

1. 掌握声母n、l，能准确发音、正确书写。

2. 学会n、l与单韵母的拼读。

活动准备

物质准备：(1) 声母“n、l”卡片一套，“na、ne、ni、nu、nü”卡片一套。(2)《拼音学习》第17～19页。

活动过程

一、复习巩固。

1. 复习字母：b、p、m、f、d、t。

2. 拼读音节：dì di、mā ma、bà ba。

二、学习声母n。

1. 读音。

(1) 猜谜引入：两个门洞是什么字母？(m。) 今天我们要学一个门洞，它是n。(请儿童翻开《拼音学习》第17页，观察图片。)

(2) 教师范读，讲解发音方法：舌尖顶住上齿龈，挡住气流，让气流通向鼻腔，从鼻孔出来，声音颤动。

(3) 教师领读，儿童跟读，教师及时帮助儿童正音。

2. 记形。

启发儿童用编顺口溜的形式记忆字形：一个门洞n n n，一扇小门n n n，像只小凳n n n，倒放茶杯n n n。

3. 书写。

引导语：我们一起将声母n送回家吧！看看它住在第几格。

(1) 教师根据儿童的回答在四线格中范写n。

(2) 引导儿童书空练习。

(3) 请儿童翻开《拼音学习》第17页，先描红，再书写。

4. 拼读。

(1) 教师分别出示“na、ne、ni、nu、nü”卡片，引导儿童练习拼读。

(2) 请儿童翻开《拼音学习》第17页，完成“读一读”“拼一拼”“说一说”。

三、学习声母l。

1. 读音。

(1) 引导儿童翻开《拼音学习》第18页，看一看图上画的是什么。

(2) 小结：一根木棍l l l。

(3) 教师范读，讲解发音方法：舌尖顶住上齿龈，不顶满，让气流从舌头两边出来，声带颤动。

（4）教师领读，儿童跟读，教师及时帮助儿童正音。

2. 记形。

启发儿童用编顺口溜的形式记忆字形：一根木棍 l l l，一支铅笔 l l l。

3. 书写。

（1）教师范写，强调在四线格上格的中偏上处起笔，往下写到第三条线为止。

（2）引导儿童书空练习。

（3）请儿童翻开《拼音学习》第 18 页，先描红，再书写。

4. 拼读。

（1）请儿童翻开《拼音学习》第 18 页，教师板书 l 和 u 的四声拼读，引导儿童拼读。

（2）引导儿童完成《拼音学习》第 18 页“拼一拼”“说一说”，练习拼读 la、le、li、lü 的拼读。

四、游戏巩固。

1. 猜字母游戏。

提问：小马蹄印是什么声母？伞柄朝下是什么声母？一个门洞是什么声母？一根小棒是什么声母？

2. 找朋友游戏。

（1）玩法一：教师请一个儿童来找朋友，其余儿童有节奏地拍手。该儿童说：“我来找个好朋友。”（边说边上台。）教师提出任务：“声母 d，d d d。”该儿童说：“d 是我的好朋友。”（取出 d 的卡片。）众儿童说：“对对对！d 是我们的好朋友。”（如该儿童取错卡片，则众儿童说：“错错错！请你仔细找朋友。”）

（2）玩法二：一儿童拿声母，另一儿童拿韵母。两人碰在一起拼，拼对了就是找到朋友了。

五、操作练习。

请儿童翻开《拼音学习》第 19 页，按照要求完成“d t n l 的练习”。

学习声母 g、k、h（一）

活动目标

1. 掌握声母 g、k、h，能准确发音、正确书写。

2. 学会 g、k、h 与单韵母的拼读。

活动准备

物质准备：（1）声母“g、k、h”卡片一套。（2）《拼音学习》第 20 页、第 21 页。

活动过程

一、学习声母 g。

1. 初步感知。

（1）请儿童翻开《拼音学习》第 20 页，说一说上半页第一幅图上有谁以及在干什么。

（2）小结：一只鸽子衔着一个草环。鸽子的“鸽”声母是 g。（出示声母 g 卡片。）

2. 读准音。

（1）教师示范发音，要求儿童仔细听，看口形。

（2）引导儿童练读，个别读、小组读、全班齐读。

3. 记字形。

（1）启发想象：g 像什么？

（2）编顺口溜：一群白鸽 g g g，鸽子花环 g g g，9 字加弯 g g g。

4. 学写 g。

（1）教师范写：g 占中格和下格，两笔写成，注意下格不占满。

（2）引导儿童书空练习。

（3）请儿童翻开《拼音学习》第 20 页，先描红，再书写。

5. 看图拼读。

引导儿童翻开《拼音学习》第 20 页，看图拼读“嘎嘎叫、哥哥、姑姑”。

二、学习声母 k。

1. 初步感知。

（1）请儿童翻开《拼音学习》第 20 页，说一说下半页第一幅图上有谁、在什么地方做什么。

（2）小结：两只小蝌蚪在水里游泳。蝌蚪的“蝌”声母是 k（出示声母 k 卡片。）

2. 读准音。

（1）教师示范发音，讲解要领：发音时，嘴要送出一股气。教师用小纸条示范。

（2）请儿童口对手心读。儿童个别练读、小组读、全班齐读。

3. 记字形。

（1）引导语：有什么办法能记住它？

（2）编顺口溜：一群蝌蚪 k k k，像挺机枪 k k k。

4. 学写 k。

（1）教师范写，强调 k 用两笔写成。

（2）引导儿童书空练习。

（3）请儿童翻开《拼音学习》第 20 页，先描红，再书写。

5. 看图拼读。

引导儿童翻开《拼音学习》第 20 页，看图拼读“咖啡、卡车、裤子”。

三、学习声母 h。

1. 初步感知。

（1）引导儿童翻开《拼音学习》第 21 页，看一看第一幅图上画着谁、在什么地方干什么。

（2）小结：一个小朋友坐在椅子上喝水。喝水的“喝”声母是 h。（出示声母 h 卡片。）

2. 读准音。

教师范读，儿童跟读、齐读。

3. 记字形。

引导儿童编顺口溜记字形：像把椅子 h h h。

4. 学写 h。

（1）教师范写并讲解：h 占中格和上格，两笔写成。

（2）引导儿童书空练习。

（3）翻开《拼音学习》第 21 页，先描红，再书写。

5. 看图拼读。

引导儿童翻开《拼音学习》第 21 页，看图拼读“哈哈笑、河水、狐狸”。

学习声母 g、k、h（二）

活动目标

1. 复习 g、k、h 三个声母。

2. 初步学会拼读有介音的三拼音节，掌握三拼连读的拼读方法。

活动准备

物质准备：《拼音学习》第 21 页。

活动过程

一、谈话导入。

引导语：我们已经学会了 g、k、h 三个声母，现在我们要继续巩固这三个声母和单韵母的拼音，还要练习新本领——三拼音。

二、学习三拼音节 guā。

1. 谈话引入：小朋友吃过瓜吗？你吃过哪些瓜？

2. 音节分析：“瓜”的音节怎么写？（板书：guā。）它和我们以前学过的拼音有什么不同？

3. 小结：guā 是由声母 g、介母 u 和带调韵母 ā 三个字母组成的。由声母、介母和韵母组成的音节叫三拼音。

4. 拼读。

（1）教师示范拼读 guā，并讲解三拼音的要领：一是要快；二是要连，即要一口气连读成一个音节，中间不能中断。

（2）顺口溜：声轻介快韵母响，三音连得很顺当。

（3）儿童练读：跟读、小组读、全班齐读。

三、学习三拼音节 guo、kua、kuo、hua、huo。（教法同上。）

四、迁移三拼音的拼读方法。

引导儿童拼读：d—u—ō→duō，t—u—ò→tuò，n—u—ó→nuó。

五、操作练习。

请儿童翻开《拼音学习》第 21 页，根据要求完成“g k h 的练习”。

学习声母 j、q、x

活动目标

1. 掌握声母 j、q、x，能准确发音、正确书写。

2. 学会 j、q、x 与单韵母 i 的拼读。

3. 学会 j、q、x 与单韵母 ü 的拼读，知道 j、q、x 与 ü 相拼时，ü 上两点省略。

4. 学会拼读与 j、q、x 相关的三拼音节。

活动准备

物质准备：(1) “ba、de、nü、mo、lü、pu、fa” 音节卡片。(2)《拼音学习》第 22 页、第 23 页。

活动过程

一、复习巩固。

1. 引导语：小朋友，我们在汉语拼音王国里面，已经认识了 17 位字母朋友，它们是 6 个单韵母 a、o、e、i、u、ü，声母 b、p、m、f、d、t、n、l、g、k、h。在读单韵母的时候声音应该高高的（引导儿童读单韵母），读声母的时候要又轻又短（引导儿童读声母）。

2. 复习音节：ba、de、nü、mo、lü、pu、fa。

二、新课导入。

1. 引导语：今天我们再来认识 3 个声母朋友—— j、q、x 。（出示卡片。）

2. 故事引入：明天是鸡爸爸的生日。鸡爸爸忙着上班，顾不上自己的生日，鸡妈妈带上她的几个孩子到商场去买东西，为明天能开一个热闹的家庭生日派对做准备。到了商场一看，好多的东西呀！鸡娃娃们有的说买这，有的说买那，大家争个不停，究竟买什么呢？鸡妈妈拿出手机给鸡爸爸打了个电话，鸡爸爸说就买一个气球和大西瓜吧。气球挂起来显得喜庆，西瓜吃起来又甜又解渴。于是鸡妈妈和孩子们挑了一个红色的气球和一个大西瓜，高高兴兴地回家去了。

三、学习声母 j。

1. 初步感知。

(1) 引导语：请小朋友们翻开《拼音学习》第 22 页，仔细观察上半页的第一幅图，看看图上画的是什么。

(2) 小结：小鸡小鸡 j j j。“鸡”的声母是 j。

2. 读准音。

(1) 引导语：我们只要把“小鸡”的“鸡”读得轻一些、短一些，就是声母 j。

(2) 请儿童跟读，提醒儿童读的时候要轻而短。

3. 记字形。

编顺口溜：小鸡小鸡 j j j；搭个积木 j j j，i 字加弯 j j j。

4. 学写 j。

(1) 教师范写并讲解：写 j 时，先在中格和下格里写“竖左弯”，再在靠近第二条线的地方写“点”，注意“点”要与“竖左弯”对齐。

(2) 引导儿童书空练习，然后翻开《拼音学习》第 22 页，先描红，再书写。

5. 看图拼读。

引导儿童翻开《拼音学习》第 22 页，看图拼读“积木、锯子、歌唱家”。

四、学习声母 q。

1. 初步感知。

(1) 请儿童翻开《拼音学习》第 22 页，仔细观察下半页的第一幅图，看看图上画的是什么。

(2) 小结：小气球 q q q。“气”的声母是 q。

2. 读准音。

(1) 引导语：我们今天学习的声母 q 和“气”读音相似，只要我们把“气”读成一声，并且读得短一些、轻一些，就是声母 q 的读音了。

(2) 请儿童跟读，提醒儿童读的时候要轻而短。

3. 记字形。

(1) 编顺口溜：左上半圆 q q q，像个 9 字 q q q。

(2) 比较 b、d、p、q 的异同，用儿歌记住它们：

左上半圆 q q q，
左下半圆 d d d，
右上半圆 p p p，
右下半圆 b b b。

4. 学写 q。

(1) 教师范写并讲解：写 q 的时候，先在中格写左半圆，再写一竖。

(2) 引导儿童书空练习，然后翻开《拼音学习》第 22 页，先描红，再书写。

5. 看图拼读。

请儿童翻开《拼音学习》第 22 页，引导儿童看图拼读“红旗、歌曲、发卡”。

五、学习声母 x。

1. 初步感知，读准音。

(1) 请儿童翻开《拼音学习》第 23 页：第一幅图画的是什么？我们刚才是怎么读 j 和 q 的？能不能自己把这个声母读出来？请你试一试。

(2) 儿童发音，教师正音；强调只要把“西”读得短一些、轻一些，就是声母 x 了。

(3) 引导儿童巩固声母 x 的发音。

2. 记字形。

编顺口溜：一个大叉 x x x，宝剑交叉 x x x。

3. 学写 x。

(1) 教师范写并讲解：写 x 的时候，注意笔顺，先写右斜，再写左斜，注意右斜和左斜相互交叉在第二格的中间，相交的开口不要过大。

(2) 引导儿童书空练习，然后翻开《拼音学习》第 23 页，先描红，再书写。

4. 看图拼读。

请儿童翻开《拼音学习》第 23 页，引导儿童看图拼读“游戏、许多、下棋”。

六、学习 j、q、x 与 ü 相拼的去点规则。

1. 教师假装接电话：喂，你好！请问你是谁？什么？你是拼音王国里的国王？你要告诉小朋友你们拼音王国里的规定——j、q、x 不能与 u 相拼，他们与 ü 相拼组成音节的时候，ü 上的两点要省略。好的好的，我一定转告给小朋友们，谢谢你了，再见！

2. 板书：

j—ü →

q—ü →

x—ü →

3. 引导语：刚才你们听到老师和拼音国王的电话了吗？请小朋友想想箭头后面应写成什么样的音节。

4. 教师根据儿童回答补写板书：

j—ü →ju

q—ü→qu

x—ü→xu

5. 引导儿童用儿歌记住这一规定（写在小黑板上）：小 ü 小 ü 有礼貌，见了 j、q、x 就摘帽，摘了帽子不是 u，还是 ü ü ü。

6. 引导语：在拼音王国里，n、l 两个声母，他们既能和 u 相拼，也能和 ü 相拼，所以他们与 u 和 ü 组成的音节分别是 nu、lu、nü、lü。

七、学习 j、q、x 的三拼音节。

1. 启发儿童依照之前掌握的三拼连读的拼读方法，拼读：

j—i—a→jia

q—i—a→qia

x—i—a→xia

2. 强调：声轻介快韵母响，三音连读要迅速。

八、操作练习。

请儿童翻开《拼音学习》第 23 页，根据要求完成“ j q x 的练习”。

学习声母 z、c、s

活动目标

1. 掌握声母 z、c、s，能读准音、正确书写。

2. 学会 z、c、s 与单韵母的拼读。

活动准备

物质准备：(1)“z、c、s”卡片一套。(2)《拼音学习》第 27 页。

活动过程

一、学习 z 的读音。

1. 请儿童观察《拼音学习》第 27 页的第一幅图，提问：这个小宝宝会干什么？

2. 小结：宝宝会写字，她写的字母是 z。

3. 出示卡片 z：把写字的“字”读成第一声，并且读得轻一点、短一点就是声母 z 的读音。

4. 教师示范读，引导儿童注意看教师的口形，听教师的发音。

5. 引导儿童练读，先跟教师读，然后在小组轮流读。

6. 小结发音方法：发音时，舌尖向前平伸，顶住上牙门齿背，憋住气流，舌尖稍微放松，让气流从窄缝中挤出来，注意读得轻短些。

7. 引导儿童练习发音，教师倾听、指导，及时正音。

二、学习 c 的读音。

1. 请儿童观察《拼音学习》第 27 页第二幅图，提问：画面上是谁？

2. 小结：一只刺猬 c c c。

3. 出示卡片 c：把刺猬的“刺”读成第一声，并且读得轻短些就是声母 c 的读音。

4. 教师范读并讲解：c 的发音方法基本与 z 同，只是从窄缝中挤出的气流比较强。

5. 引导儿童练习发音，教师倾听、指导，及时正音。

三、学习 s 的读音。

1. 请儿童观察《拼音学习》第 27 页第三幅图，提问：画面上是谁？蚕姑娘有什么本领呢？

2. 小结：蚕儿吐丝 s s s。

3. 出示卡片 s：蚕儿吐丝的“丝”，读得轻短些就是声母 s 的读音。

4. 教师范读，强调读得轻短些，舌尖平伸，与上门齿背接近，中间留一条窄缝，让气流从窄缝中挤出来。

5. 引导儿童练习发音，教师倾听、指导，及时正音。

四、识记声母 z、c、s 的字形。

1. 引导语：小朋友真能干，已经记住了三个声母朋友的名字。现在我们来比一比谁先记住这三个声母的样子好不好？

2. 请儿童观察《拼音学习》第 27 页的三幅图和三个声母，启发儿童将字母和图对照着看，动脑筋想想该怎么记住这三个声母的样子。

3. 鼓励儿童自编顺口溜：妹妹写字 z z z，像个“2”字 z z z；小小刺猬 c c c，半个圆圈 c c c；蚕儿吐丝 s s s，半个“8”字 s s s。

五、拼读音节。

1. 引导语：声母都喜欢和韵母交朋友，谁还记得它们交朋友的口诀？

2. 小结：声母和韵母拼读时的口诀是“前音轻短后音重，两音相连猛一碰”。

3. 请儿童翻开《拼音学习》第 27 页，完成“拼一拼”练习。

六、练习书写。

1. 引导语：小朋友知道了三个声母的名字，记住了它们的样子，再来看看它们是怎么写的。

2. 引导儿童看书观察 z、c、s 在四线三格里的位置，强调这 3 个字母都是一笔写成的。

3. 儿童练习书写：请儿童翻开《拼音学习》第 27 页，先描红，再书写。

学习整体认读音节 zi、ci、si

活动目标

1. 掌握整体认读音节 zi、ci、si，能读准音、正确书写。

2. 能正确读出 zi、ci、si 整体认读音节的四声。

活动准备

物质准备：(1)“zi、ci、si”及其四声的卡片一套。(2)《拼音学习》第 28 页。

活动过程

一、学习整体认读音节 zi、ci、si。

1. 学习 zi 的读音。

(1) 引导儿童观察《拼音学习》第 28 页第一排图，启发儿童说一说图上有什么。

(2) 小结：小老鼠吱吱叫的“吱”、子弹的“子”、写字的“字”、自己的“自”和 zi 的音相似（出示卡片 zi）。这个音叫整体认读音节，其中 i 不发出声音，读时比原来 z 的声音稍响一些、长一些。

(3) 出示 zi 及其四声的卡片，引导儿童认读。

2. 学习 ci 的读音。

(1) 引导儿童观察《拼音学习》第 28 页第二排图，启发儿童说一说图上有什么。

(2) 小结：慈爱的“慈”、陶瓷的“瓷”、名次的“次”、鱼刺的“刺”和 ci 的音相似（出示卡片 ci）。这个音叫整体认读音节，其中 i 不发出声音，读时比原来 c 的声音稍响一些、长一些。

(3) 出示 ci 及其四声的卡片，引导儿童认读。

3. 学习 si 的读音。

（1）引导儿童观察《拼音学习》第 28 页第三排图，启发儿童说一说图上有什么。

（2）小结：司机的“司”、思考的“思”、死结的“死”、四个的“四”和 si 的音相似（出示卡片 si）。这个音叫整体认读音节，其中 i 不发出声音，读时比原来 s 的声音稍响一些、长一些。

（3）出示 si 及其四声的卡片，引导儿童认读。

二、比一比，读一读。

1. 比较“z、c、s”与“zi、ci、si”的不同。

引导语：请小朋友仔细听老师读声母“z、c、s”和整体认读音节“zi、ci、si”，比一比它们有什么不同。

（1）引导儿童读准音，教师倾听、指导，及时正音。

（2）小结：zi、ci、si 这三个音节，我们叫它们整体认读音节。它们可以直接给汉字注音。它们都是两个字母被牢牢地绑在一起，不能分开，也不能拼读，要直接整体识记。

2. 掌握 zi、ci、si 的四声。

（1）出示 zi、ci、si 的四声卡片，引导儿童看一看、说一说它们的异同。

（2）引导语：整体认读音节可以直接给汉字注音，注意在“i”上标声调时要把上面的点去掉。

（3）练读四声。引导儿童以个别读、小组读、男女生互读等多种形式练读 zi、ci、si 的四声。

学习声母 zh、ch

活动目标

1. 掌握声母 zh、ch，能读准音、正确书写。

2. 学会 zh、ch 与单韵母的拼读。

活动准备

物质准备：（1）“zh、ch”卡片一套。（2）《拼音学习》第 24 页。

活动过程

一、学习声母 zh。

1. 引导语：请小朋友们翻开《拼音学习》第 25 页，仔细观察上半页第一幅图，看一看图上画的是什么。

2. 小结：一只蜘蛛 zh zh zh。蜘蛛的“蜘”与 zh 的读音相似，蜘蛛的“蜘”发短音就是 zh。

3. 指导发音、记形。

（1）教师范读，讲解发音要领：把舌尖翘起来读的拼音，我们叫它“翘舌音”。这个字母在发音时舌头要往上翘（师以手势辅助理解），发音时声音要读得轻而短。

（2）教师领读，儿童跟读，教师注意及时正音。

(3) 记住 zh 的形：它是由 z 和 h 交朋友组成的。

4. 指导书写。

(1) 引导儿童观察 zh 在四线格中的位置，提醒儿童 zh 是由两个字母组成的，书写时要靠拢。

(2) 请儿童翻开《拼音学习》第 24 页，先描红，再书写。

5. 引导拼读。

请儿童翻开《拼音学习》第 24 页，看图拼读“喳喳叫、折断、小猪”。

二、学习声母 ch。

1. 引导语：请小朋友们翻开《拼音学习》第 24 页，仔细观察下半页第一幅图，看一看图上的宝宝在干什么。

2. 小结：宝宝吃饭 ch ch ch。宝宝吃饭的“吃”与 ch 的读音相似，宝宝吃饭的“吃”发短音就是 ch。

3. 指导发音、记形。

(1) 教师范读，讲解发音要领：ch 也是翘舌音，在发音时舌头要往上翘（师以手势辅助理解），发音时声音要读得轻而短。

(2) 教师领读，儿童跟读，教师注意及时正音。

(3) 记住 ch 的形：它是由 c 和 h 交朋友组成的。ch 像一只刺猬蹲在一张椅子旁边。

4. 指导书写。

(1) 引导儿童观察 ch 在四线格中的位置，强调 ch 是由两个字母组成的，书写时要靠拢。

(2) 请儿童翻开《拼音学习》第 24 页，先描红，再书写。

5. 引导拼读。

请小朋友们翻开《拼音学习》第 24 页，看图拼读“喝茶、汽车、出去”。

学习声母 sh、r

活动目标

1. 掌握声母 sh、r，能读准音、正确书写。

2. 学会 sh、r 与单韵母的拼读。

活动准备

物质准备：(1)“sh、r”拼音卡片一套。(2)《拼音学习》第 25 页。

活动过程

一、学习声母 sh。

1. 引导语：请小朋友们翻开《拼音学习》第 25 页，仔细观察上半页第一幅图，看一看图上画的是什么。

2. 小结：一头狮子 sh sh sh。狮子的“狮”与 sh 的读音相似，狮子的“狮”发短音就是 sh。

3. 指导发音、记形。

(1) 教师范读，讲解发音要领：sh 也是翘舌音，在发音时舌头要往上翘（师以手势辅助理解），发音时声音要读得轻而短。

(2) 教师领读，儿童跟读，教师注意及时正音。

(3) 记住 sh 的形：它是由 s 和 h 交朋友组成的。

4. 指导书写。

(1) 引导儿童观察 sh 在四线格中的位置，强调 sh 是由两个字母组成的，书写时要靠拢。

(2) 请儿童翻开《拼音学习》第 25 页，先描红，再书写。

5. 引导拼读。

请儿童翻开《拼音学习》第 25 页，看图拼读“沙子、蛇、鼠”。

二、学习声母 r。

1. 引导语：请小朋友们翻开《拼音学习》第 25 页，仔细观察下半页第一幅图，看一看图上有什么。

2. 小结：看日出 r r r。看日出的“日”与 r 的读音相似，把看日出的“日”发成第一声，再把音发短些就是 r。

3. 指导发音、记形。

(1) 教师范读，讲解发音要领：r 也是翘舌音，在发音时舌头要往上翘（师以手势辅助理解），发音时声音要读得轻而短。

(2) 教师领读，儿童跟读，教师注意及时正音。

(3) 记住字母 r 的形：引导儿童想象 r 像什么，并编成儿歌识记，如“像棵小芽 r r r”。

4. 指导书写。

(1) 引导儿童观察 r 在四线格中的位置。

(2) 请儿童翻开《拼音学习》第 25 页，先描红，再书写。

5. 引导拼读。

请儿童翻开《拼音学习》第 25 页，看图拼读“热水、牛乳”。

学习整体认读音节 zhi、chi、shi、ri

活动目标

1. 掌握整体认读音节 zhi、chi、shi、ri，能读准音、正确书写。

2. 能正确读出 zhi、chi、shi、ri 整体认读音节的四声。

活动准备

物质准备：(1)“zhi、chi、shi、ri”及其四声的卡片一套。(2)《拼音学习》第 26 页。

活动过程

一、学习 zhi 的读音。

1. 引导儿童观察《拼音学习》第 26 页第一排图，启发儿童说一说图上有什么，并试着拼读。

2. 小结：蜘蛛的“蜘”、值日的“值”、白纸的“纸”、制作的“制”和 zhi 的音相似（出示卡片 zhi）。这个音叫整体认读音节，其中 i 不发出声音，读时比原来 zh 的声音稍响一些、长一些。

3. 出示 zhi 及其四声的卡片，引导儿童认读。

二、学习 chi 的读音。

1. 引导儿童观察《拼音学习》第 26 页第二排图，启发儿童说一说图上有什么，并试着拼读。

2. 小结：吃饭的“吃”、游泳池的“池”、尺子的“尺”、翅膀的“翅”和 chi 的音相似（出示卡片 chi）。这个音叫整体认读音节，其中 i 不发出声音，读时比原来 ch 的声音稍响一些、长一些。

3. 出示 chi 及其四声的卡片，引导儿童认读。

三、学习 shi 的读音。

1. 引导儿童观察《拼音学习》第 26 页第三排图，启发儿童说一说图上有什么，并试着拼读。

2. 小结：狮子的“狮”、时钟的“时”、柿子的“柿”、钥匙的“匙”和 shi 的音相似（出示卡片 shi）。这个音叫整体认读音节，其中 i 不发出声音，读时比原来 sh 的声音稍响一些、长一些。

3. 出示 shi 及其四声的卡片，引导儿童认读。

四、学习 ri 的读音。

1. 引导儿童观察《拼音学习》第 26 页第四排图，启发儿童说一说图上有什么，并试着拼读。

2. 小结：日记的“日”、日出的“日”、日报的“日”、日历的“日”和 ri 的音相似（出示卡片 ri）。这个音叫整体认读音节，其中 i 不发出声音，读时比原来 r 的声音稍响一些、长一些。

3. 出示 ri 及其四声的卡片，引导儿童认读。

五、指导书写。

1. 教师范写，引导儿童认真观察 zhi、chi、shi、ri 在四线三格的位置。

2. 请儿童翻开《拼音学习》第 26 页，先描红，再书写。

学习声母 y、w

活动目标

1. 掌握声母 y、w，能读准音、正确书写。

2. 学会 y、w 和单韵母的拼法。

活动准备

物质准备：(1) 娃娃正在穿衣、乌鸦、小鸭、青蛙图片各一张。(2)“y、w”的拼音卡各一张。(3)《拼音学习》第 29 页。

活动过程

一、出示娃娃正在穿衣、乌鸦的图片，引入课题。

1. 提问：图上画了谁？

2. 小结：一幅图上画的是娃娃正在穿衣，另一幅图上画的是乌鸦。与“衣”和乌鸦的“乌”读音相似的声母 y 和 w 是我们要学的最后两个声母（出示声母 y、w 的卡片）。

二、学习声母 y。

1. 学习声母 y 的读音。

(1) 引导儿童观察《拼音学习》第 29 页第一幅图：图上画的是什么？旁边的拼音 y 怎么读？

(2) 小结：把“衣服”的“衣”读得轻短些，就是声母 y，也叫大 y。发音时，同韵母 i 相似。

2. 认清声母 y 的字形。

(1) 提问：声母 y 像什么？

(2) 引导儿童自编顺口溜：衣领 y y y，树杈 y y y。

3. 学习声母 y 的书写。

(1) 教师范写：第一笔右斜，第二笔左斜弯，两笔写成 y。

(2) 请儿童翻开《拼音学习》第 29 页，先描红，再书写。

三、学习声母 w。

1. 学习声母 w 的读音。

(1) 请儿童观察《拼音学习》第 29 页第二幅图：图上画的是什么？旁边的拼音 w 怎么读？

(2) 小结：把“乌鸦”的“乌”读得轻短些，就是声母 w，也叫大 w。发音时，同韵母 u 相似。

2. 认清声母 w 的字形。

(1) 提问：声母 w 像什么？

(2) 引导儿童自编顺口溜：屋顶相连 w w w。

3. 学习声母 w 的书写。

(1) 教师范写：第一笔斜下斜上，第二笔斜下斜上，两笔写成 w。

(2) 请儿童翻开《拼音学习》第 29 页，先描红，再书写。

四、学习 y、w 和单韵母的拼读。

1. 出示鸭子和青蛙图片，请儿童用完整的一句话说说图上画着什么。

2. 教师板书“wā yā”，然后领读，并请儿童分析声母和韵母各是什么。

3. 提示儿童拼读这两个音节时，声母要读得轻短些，韵母要读得响亮些，两音很快相碰连读成一个音节。

4. 引导儿童拼读音节：y—ā→yā　w—ā→wā。

5. 儿童操作练习。

请儿童翻开《拼音学习》第29页，完成最后一题。

学习整体认读音节 yi、wu、yu

活动目标

1. 巩固声母 y、w 和音节 ya、wa。

2. 掌握整体认读音节 yi、wu、yu，能读准音、正确书写。

3. 能正确读出 yi、wu、yu 整体认读音节的四声。

活动准备

物质准备：(1) 声母“y、w”以及韵母“i、u、ü”的卡片。(2)《拼音学习》第30页、第31页。

活动过程

一、分析音素，拼读练习。

1. 板书“yā”，提问：yā 音节是由什么和什么组成的？(声母 y 和单韵母 a。)

2. 引导儿童将声母 y 和单韵母 ā、á、ǎ、à 拼成音节。

(1) 拼读：yā、yá、yǎ、yà。

(2) 组词读：yā，鸭子的鸭；yá，牙齿的牙；yǎ，哑巴的哑；yà，亚洲的亚。

3. 引导儿童将声母 w 和单韵母 ā、á、ǎ、à 拼成音节。

(1) 拼读：wā、wá、wǎ、wà。

(2) 组词读：wā，青蛙的蛙；wá，娃娃的娃；wǎ，瓦片的瓦；wà，袜子的袜。

二、学习整体认读音节 yi、wu、yu。

1. 教师讲故事：有一天，i、u、ü 三个小朋友要出去玩（拿出卡片 i、u、ü)。可是他们年纪小，又不认识路，怎么办呢？他们就请大 y、大 w 来带路（拿出卡片 y、w)。大 y 说：“好！我带你去！”大 y 带着小 i 一块儿走（将 y 卡片放在 i 前面)，就成了音节 yi。(带领儿童读：yi、yi、yi。) 大 w 带着小 u 一块儿走（将 w 卡片放在 u 前面)，就成了音节 wu。(带领儿童读：wu、wu、wu。) 小 ü 没人带，急得哭了，大 y 看见了，就对小 ü 说：“小 ü 妹妹别哭了。我带你去，快把两滴眼泪擦掉。”小 ü 听了高兴地把眼泪擦掉，跟大 y 走了（将 y 卡片放在 ü 前面，把 ü 上两点擦掉)，这就成了音节 yu。(带领儿童读：yu、yu、yu。)

2. 教学整体认读音节 yi、wu、yu。

(1) 教学整体认读音节 yi 及四声。

①引导儿童个别读、小组读、全体齐读。

②引导儿童学习 yi 的四声儿歌：

妈妈是医生，
阿姨来看病，
坐在椅子上，
妈妈注意听。

（2）教学整体认读音节 yu 及四声。

（3）教学整体认读音节 wu 及四声。

（4）引导儿童学习 yi、wu、yu 的儿歌：

声母 y，韵母 i，两人站一起，就是音节 yi。
声母 w，韵母 u，两人坐一处，就是音节 wu。
y 和 ü，一相遇，两点就省去，变成音节 yu。

三、巩固练习。

抽读音节 ya、yi、wa、wu、yu，并要求儿童组词读，如：

yī（医生的医）　wū（乌鸦的乌）　yú（小鱼的鱼）　yǐ（椅子的椅）
wú（梧桐树的梧）　yǔ（羽毛的羽）　yí（阿姨的姨）　wǔ（跳舞的舞）
yù（玉米的玉）　yǔ（宇宙的宇）

四、操作练习。

1. 请儿童翻开《拼音学习》第 30 页，根据要求完成练习。

2. 请儿童翻开《拼音学习》第 31 页，根据要求完成“y w yi wu yu 的练习”。

学习复韵母和整体认读音节

学习复韵母 ai、ei、ui

活动目标

1. 掌握复韵母 ai、ei、ui，能读准音、正确书写。

2. 学会声母与复韵母 ai、ei、ui 的拼读。

3. 掌握 ai、ei、ui 的标调方法。

活动准备

物质准备：（1）分别写有 6 个单韵母的 6 个彩球的图片。（2）“ai、ei、ui”拼音卡片。（3）《拼音学习》第 32 页、第 33 页。

活动过程

一、创设情境，复习引入。

1. 激发兴趣，引出单韵母。

引导语：今天，我带来了 6 个彩球，多美呀！（拿出 6 个彩球的图片贴在小黑板上。）瞧，每个彩球都有一个名字，大家一起来读一读吧。这 6 个字母还有一个好听的名字，谁能告诉我？（单韵母。）

2. 碰球游戏，引入新课。

引导语：这 6 个彩球可高兴啦！它们让我们玩一个碰球游戏。a 和 i 在一起碰出了什么？（教师演示彩球卡片使其变成“ai”。）这是花姐姐给你们带来的新朋友 ai，跟她一起来的还有 ei 和 ui。它们的大名叫复韵母。

二、合作探究，学习新知。

1. 学习复韵母 ai。

（1）做游戏，认识 ai。

①请一个儿童到讲台上来，挨着教师站，引导其他儿童观察：老师和小朋友谁高谁矮？老师和小朋友是怎么站的？

②小结：老师高，小朋友矮，老师和小朋友是挨在一起站的。

③由“矮”和“挨”引出第一个新朋友 ai，出示卡片 ai。

（2）讲解发音方法。

①引导语：发 ai 的音时，要先发 a 的音，收尾是 i 音，前音重，后音轻，中间气不断。

②教师用口形示范发音，引导儿童体会并模仿发音。

③请儿童翻开《拼音学习》第 32 页，引导儿童观察第一幅图，说一说：挨在一起 ai ai ai。

（3）再次示范发音，引导儿童仔细听音，辨音，跟读。

（4）引导儿童认读 ai 的四声并运用四声组词说话。

引导语：ai 可神气啦，它还给自己戴上了漂亮的帽子。（出示 ai 的四声，引导儿童认读。）ai 的本领可大呢，它还能自成音节。你能用它的四声组词或说话吗？

（5）看图拼读。

引导儿童翻开《拼音学习》第 32 页，学习拼读 bai、pai、mai，然后看图拼读“白菜、球拍、买菜”。

（6）指导书写。

请儿童翻开《拼音学习》第 32 页，先描红，再书写。

2. 学习复韵母 ei。

（1）引导语：ei 是花姐姐给我们带来的第二个新朋友。（出示卡片 ei。）

（2）教师示范发音，引导儿童仔细听音，体会发音。

（3）引导儿童认读 ei 的四声。

（4）看图拼读。

引导儿童翻开《拼音学习》第 32 页，学习拼读 bei、pei、mei、fei，然后看图拼读“北京、配合、草莓、飞机”。

（5）指导书写。

请儿童翻开《拼音学习》第 32 页，先描红，再书写。

3. 学习复韵母 ui。

(1) 引导语：ui 是花姐姐给我们带来的第三个新朋友。(出示卡片 ui。)

(2) 教师示范发音，引导儿童仔细听音，体会发音。

(3) 引导儿童认读 ui 的四声。

(4) 看图拼读。

引导儿童翻开《拼音学习》第 33 页，学习拼读 gui、kui、hui，然后看图拼读“桂花、向日葵、开会”。

(5) 指导书写。

请儿童翻开《拼音学习》第 33 页，先描红，再书写。

4. 学习 ai、ei、ui 标调的方法。

(1) 出示 ai、ei、ui 的四声，引导儿童看一看，它们的帽子都戴在谁的头上。

(2) 小结 ai、ei、ui 标调规律：声调帽子真奇怪，有 a 在给 a 戴，a 要不在 o e 戴，要是 i u 一起来，谁在后面谁来戴。

(3) 打乱 ai、ei、ui 四声的顺序，引导儿童认读。

三、操作练习。

请儿童翻开《拼音学习》第 33 页，完成“ai ei ui 的练习”，根据图片上事物的名称把音节补充完整。

学习复韵母 ao、ou、iu（一）

活动目标

1. 掌握复韵母 ao、ou、iu，能读准音、正确书写。

2. 学会声母与复韵母 ao、ou、iu 的拼读。

3. 掌握 ao、ou、iu 的标调方法。

活动准备

物质准备：(1) 单韵母“a、o、e、i、u、ü”卡片一套，复韵母“ao、ou、iu”及其四声的卡片一套，奥特曼图一张。(2)“购物”游戏材料。(3)《拼音学习》第 34 页、第 35 页。

活动过程

一、以“找朋友”游戏引入复习。

1. 出示 6 张单韵母卡片，请儿童读一读。

2. 提问：单韵母娃娃最喜欢交朋友了，他们手牵手就变成我们认识的复韵母朋友了。谁能从这 6 张卡片中找出两张拼成我们已经认识的 3 个复韵母？

3. 引导个别儿童上台找卡片并说出：“a 和 i 在一起，前 a 后 i，ai ai ai。e 和 i 在一起，前 e 后 i，ei ei ei。u 和 i 在一起，前 u 后 i，ui ui ui。”引导全班儿童齐读。

二、图片激趣，引入新课。

引导语：今天，老师给小朋友们请来了一位新朋友——奥特曼（贴出奥特曼图）。他听说我们班的小朋友聪明又能干，认识了不少拼音朋友，今天也来我们的教室跟我们学习拼音。大家欢迎吗？希望大家好好学习，也帮他学好拼音。

三、学习复韵母 ɑo、ou、iu。

1. 学习复韵母 ɑo。

（1）引导语：奥特曼刚才悄悄告诉老师他名字的第一个字“奥”就是他想认识的第一位拼音朋友，你们知道这位朋友是谁吗？（出示卡片 ɑo。）

（2）教师范读，讲解发音方法：先发 ɑ 音，紧接着向 o 音滑动，ɑ 重 o 轻，就成了 ɑo。

（3）儿童练读。

引导儿童练习发 ɑo 音，教师仔细倾听，及时正音。

（4）学习 ɑo 的四声。

①出示 ɑo 的四声，引导儿童看一看，它们的帽子都戴在谁的头上。

②引导儿童齐读，教师仔细倾听，及时正音。

③引导儿童观察《拼音学习》第 34 页的棉袄图，说一说棉袄的“袄”是 ɑ̄o、ɑ́o、ɑ̌o、ɑ̀o 四位拼音朋友中的哪一位。

④引导儿童找出带调 ɑ̌o 的卡片，并齐读。

（5）学习拼读。

引导儿童翻开《拼音学习》第 34 页，学习拼读 dɑo、tɑo、nɑo、lɑo，然后看图拼读“小刀、手套、脑袋、老师”。

2. 学习复韵母 ou。

（1）引导语：刚才，我们跟韵母宝宝 ɑo 这么亲热，韵母宝宝 ou 也急着要跑出来跟我们交朋友。（出示卡片 ou。）

（2）教师范读，讲解发音方法：先发 o 音，紧接着向 u 音滑动，o 重 u 轻，就成了 ou。

（3）儿童练读。

引导儿童运用个别读、小组读、集体读等多种形式练读，教师仔细倾听，及时正音。

（4）学习 ou 的四声。

①出示 ou 的四声，引导儿童看一看，它们的帽子都戴在谁的头上。

②引导儿童齐读、抽读、开火车读，教师仔细倾听，及时正音。

③引导儿童观察《拼音学习》第 34 页的海鸥图，说一说海鸥的“鸥”是 ōu、óu、ǒu、òu 四位拼音朋友中的哪一位。

④引导儿童找出带调 ōu 的卡片，并齐读。

（5）学习拼读。

引导儿童翻开《拼音学习》第 34 页，学习拼读 zhou、chou、shou，然后看图读儿歌《小花狗》。

3. 学习复韵母 iu。

（1）引导语：奥特曼说他跟我们学拼音很快乐，想跟我们继续认识新的拼音宝宝。瞧，韵母宝宝 iu 也急急忙忙赶来和我们交朋友了。（出示卡片 iu。）

（2）教师范读，讲解发音方法：先发 i，口形再变到 u，i 重 u 轻，就成了 iu。

（3）儿童练读。

引导儿童练习发 iu 音，教师仔细倾听，及时正音。

（4）学习 iu 的四声。

①出示 iu 的四声，引导儿童看一看，它们的帽子都戴在谁的头上。

②引导儿童齐读，教师仔细倾听，及时正音。

③引导儿童观察《拼音学习》第 35 页的邮票图，说一说邮票的“邮”是 iū、iú、iǔ、iù 四位拼音朋友中的哪一位。

④引导儿童找出带调 iú 的卡片，并齐读。

（5）学习拼读。

引导儿童翻开《拼音学习》第 35 页，学习拼读 jiu、qiu、xiu，然后看图读儿歌《小皮球》。

4. 识记 ao、ou、iu。

（1）引导语：刚才，奥特曼有点不好意思地跟老师说，认识了这么多韵母宝宝，他有点记不住。小朋友们有什么好办法帮助奥特曼记住这些韵母宝宝吗？

（2）编句顺口溜：棉袄棉袄，ao ao ao；a 在前 o 在后，ao ao ao；奥特曼来了，ao ao ao。莲藕莲藕，ou ou ou；o 在前 u 在后，ou ou ou；海鸥飞翔，ou ou ou。鱼儿游游 iu iu iu；i 在前 u 在后，iu iu iu……

四、巩固练习。

1. 复习 ao、ou、iu 的发音。教师夸张地、无声地做出念 ao、ou、iu 的口形，让儿童观察，猜猜是哪个韵母。

2. 复习 ao、ou、iu 的四声。

（1）出示 ao、ou、iu 的四声卡片，引导儿童先按四声顺序读，再打乱顺序读。

（2）做“比耳朵”游戏。教师读带调韵母，引导儿童从拼音卡中抽出相应的带调韵母。

五、“购物”的游戏，练习声母与 ao、ou、iu 相拼。

1. 游戏规则：请一个儿童做售货员。教师把写有音节的纸片发给其他儿童，发到纸片的儿童上台说自己要买什么。如拿到“shǒu ji”纸片的儿童说：“我要买手机。”如果儿童读对了，“售货员”就把手机的图片给他，同时全班齐说：“对了，对了，这是手机。”

2. 儿童游戏，教师指导，重点指导儿童练习声母与 ao、ou、iu 的拼读。

六、指导书写 ao、ou、iu。

1. 引导语：奥特曼要回家了，不过，他说了，回家前要和我们一起把复韵母朋友 ao、ou、iu 先送回家。复韵母的家在哪？（拼音格。）

2. 教师范写，提醒书写时注意事项：两个字母要靠拢，书写要匀称、写在格子中间。

3. 儿童练习书写：先书空，再翻开《拼音学习》第 34 页、第 35 页，先描红，再书写。

学习复韵母 ao、ou、iu（二）

活动目标

1. 复习 ao、ou、iu 及其四声。

2. 巩固声母与 ao、ou、iu 的拼读，学习 j、q、x 与 ao 的三拼音节。

活动准备

物质准备：(1) 拼音卡片（声母 j、q、x，单韵母 i，单韵母 a 和复韵母 ao、ou、iu 及其四声）。(2) 苹果树图片一张，写有三拼音节的苹果图片若干；蓝天图片一张，写有音节（有关 ao、ou、iu）的月亮图片一张和星星图片若干。(3)《拼音学习》第 35 页。

活动过程

一、巩固声母与 ao、ou、iu 的拼读。

引导语：声母宝宝见到韵母朋友，就手牵手跟我们玩起了捉迷藏，他们藏到哪了？就藏身在我们的《拼音学习》书本中，一起来拼读一下这些音节。

引导儿童翻开《拼音学习》第 35 页，完成“拼一拼，写一写”，而后与同伴互相读一读，最后再集体读一读。

二、学习 j、q、x 与 ao 的三拼音节。

1. 复习 j、q、x 与 a 的三拼音节。

引导语：j、q、x 要想和 a 做朋友，都要谁做“中间人”？（介母 i。）

出示卡片练习，引导儿童复习拼读 j、q、x 与 a 构成的三拼音。

2. 学习 j、q、x 与 ao 的三拼音节。

引导语：j、q、x 要和 a 开头的复韵母做朋友，也需要 i 做“中间人”。

出示 j、q、x 与 ao 的三拼音节，引导儿童学习拼读。

三、巩固练习。

1. “摘苹果”游戏。

引导语：小鸟看见我们班的小朋友个个这么出色，想送苹果奖励你们。想不想吃苹果呀？我们一起跟着小鸟去拼音王国的果园摘苹果吧。

(1) 出示苹果树：看，红彤彤的苹果多诱人啊！不过，拼音王国果树上的每个苹果上都藏着一个音节，只有把音节读对了，才能摘下苹果，你们能做到吗？

(2) 出示图片，引导儿童齐读依次出现的三拼音节：jiao、qiao、xiao、jia、qia、xia。

2. “摘星星”的游戏。

(1) 出示蓝天图片：蓝天上挂着弯弯的月亮和闪闪的星星，每颗星星下是一个词语的音节，月亮下是一句话的音节。谁能读出词语的音节，老师就把星星奖给他；谁最能干，能读出这个句子，老师就把月亮摘下来，奖励给他。

（2）儿童游戏，教师观察指导，及时帮助儿童正音。

学习复韵母 ie 、üe、er，整体认读音节 ye、yue

活动目标

1. 掌握复韵母 ie、üe、er 和整体认读音节 ye、yue，能读准音，正确书写。

2. 学会声母与复韵母 ie、üe 的拼读。

活动准备

物质准备：（1）拼音卡片（复韵母 ai、ei、ui、ao、ou、iu，复韵母 ie、üe、er，整体认读音节 ye、yue 及其四声的卡片）。（2）椰子树图一张，兔子毛绒玩具一件。（3）《拼音学习》第 36～39 页。

活动过程

一、情境导入，复习巩固。

1. 创设情境。

引导语：小朋友，你们喜欢旅游吗？今天老师带大家去美丽的海南岛玩一玩，想去吗？好，闭上眼睛，在我们的面前有一架银色的飞机，让我们坐上飞机出发吧。现在我们已经坐到了飞机上，准备好了，飞机马上就要起飞了。慢慢地，飞机升上了天空，越飞越高。飞过了高山，飞过了大海……飞呀，飞呀，美丽的海南岛终于出现在我们的眼前了。

2. 复习旧知。

（1）引导语：看，我们熟悉的朋友来欢迎我们了，你还认识他们吗？

（2）出示学过的 6 个复韵母 ai、ei、ui、ao、ou、iu 卡片，引导儿童认读。

引导语：谁来响亮地跟他们打个招呼？（引导儿童认读。）它们有一个共同的名字叫什么？（复韵母。）现在他们都排着队，我们能认出来，那要是他们走乱了，还能认识吗？（打乱复韵母顺序，引导儿童认读。）

（3）我们一起热情地和这些复韵母朋友打个招呼吧！（引导儿童齐读。）

二、情境引路，学习 ie、üe、er 和整体认读音节 ye、yue。

引导语：别光顾着跟老朋友们打招呼了，我们快来看一看美丽的海南岛吧。

1. 学习 ie 和整体认读音节 ye。

（1）学习复韵母 ie。

①出示椰子树图片。

引导语：今天我们认识的第一个新朋友就和椰子树有关系。（出示复韵母 ie。）竖起小耳朵，认真听老师喊他的名字，同时注意老师口形的变化。（教师范读，并引导儿童运用多种形式练读。）

②记字形：ie 是由哪两个字母组成的？

③学习四声：iē、ié、iě、iè。

④请儿童翻开《拼音学习》第 36 页，学习拼读 bie、pie、jie、xie，其然后看图读儿歌

《蝴蝶》。

⑤教师范写，引导儿童书空练习，并翻开《拼音学习》第 36 页，先描红，再书写。

（2）学习整体认读音节 ye。

①讲故事：ie 的妈妈在外地工作，几年都没回家了。ie 很想妈妈，决定去看看妈妈，可是他已经好几年没有见到妈妈了，当年妈妈给他买的那件小衣服已经又小又破，再也穿不下了。于是，他脱下了那件小衣服，穿上了新买的大衣服去看妈妈。当他站在妈妈面前，妈妈竟然不认识他了。小朋友们，妈妈不认识 ye 了，你们认识吗？谁来喊喊他？我们一起喊喊。（引导儿童齐读。）

②引导儿童说说 ie 和 ye 的异同。

引导语：妈妈终于认出了 ye，她高兴地说："ye，你长这么高了！"后来，妈妈还给他买了四顶漂亮的帽子。（出示 yē、yé、yě、yè）看，戴上帽子的 ye 多神气！谁来喊一喊他？

③引导儿童认读四声，并完成《拼音学习》第 38 页"读一读"。

④教师范写 ye，引导儿童书空练习，并翻开《拼音学习》第 38 页，先描红，再书写。

2. 学习 üe 和整体认读音节 yue。

（1）学习复韵母 üe。

①出示 üe 的卡片，提问：谁知道卡片上的韵母怎么读？

②教师范读，并引导儿童运用多种形式练读。

③记字形：üe 是由哪两个字母组成的？

④学习四声：üē、üé、üě、üè。

⑤请儿童翻开《拼音学习》第 36 页，学习拼读 jue、que、xue，然后看图读儿歌《中秋》。

⑥教师范写，引导儿童书空练习，并翻开《拼音学习》第 36 页，先描红，再书写。

（2）学习整体认读音节 yue。

①板书：y—üe→yue。

②引导儿童认读 yue。

引导语：谁来读读这个音节？

③师生共同给 yue 标调，引导儿童认读 yue 的四声，并完成《拼音学习》第 38 页"读一读"。

引导语：yue 想戴漂亮的声调帽子，可他不知道戴在哪儿，谁能帮帮他？

④教师范写 yue，引导儿童书空练习，并翻开《拼音学习》第 38 页，先描红，再书写。

3. 学习复韵母 er。

引导语：大家做得太好了，老师要奖励大家，送给你们一个礼物。（出示毛绒玩具兔子。）看，小兔子的耳朵是什么样子的？

（1）学会发音。

引导语：下面我们要认识的这位朋友就和"耳朵"的"耳"有关。他呀，很特别，跟我们认识的其他复韵母朋友都不一样。其他复韵母是由两个单韵母组成的，而他是由单韵母 e 和声母 r 在一起组成的，所以也叫“特殊韵母”。

（2）引导儿童练读。

引导语：r 表示舌头卷起来。请大家伸出小手，舌头和小手一样往上卷，跟老师读一读。

（3）学习四声。

①师生一起给 er 戴上四顶声调帽子：ēr、ér、ěr、èr。

②引导儿童认读四声，并完成《拼音学习》第 37 页“读一读”。

（4）指导书写。

教师范写 er，引导儿童书空练习，并翻开《拼音学习》第 37 页，先描红，再书写。

三、操作练习。

请儿童完成《拼音学习》第 37 页“ie üe er 的练习”和第 39 页“ye yue 的练习”。

学习鼻韵母和整体认读音节

学习前鼻韵母 an、en、in，整体认读音节 yin

活动目标

1. 掌握前鼻韵母 an、en、in 和整体认读音节 yin，能读准音、正确书写。

2. 能准确拼读声母与前鼻韵母 an、en、in 组成的音节。

活动准备

物质准备：（1）小白兔在树荫下乘凉的图片。（2）拼音卡片“a、e、i、an、en、in”。（3）《拼音学习》第 40～42 页。

活动过程

一、故事导入，引出新知。

1. 故事导入。

（1）引导语：小朋友们最爱听故事啦，今天老师给大家讲一个有趣的童话故事，想听吗？

（2）教师一边讲《门的故事》一边出示相应的字母卡片。故事内容：从前有一位兔妈妈，有三个孩子。老大是 a，老二是 e，老三是 i。一天，兔妈妈对三个孩子说：“孩子们，我在一家商店里为咱们家的新房子订了一扇门，你们三个今天得把它运回来并安上。”妈妈的话音刚落，老大 a 就抢先说：“我是老大，我来负责安（an）门。”接着 e 说：“好吧，你安好了门，我负责在门上安一个用手一摁（en）就响的门铃。”i 说：“我来给你们引（in）路。”兔妈妈说：“孩子们赶紧行动吧。”于是三个孩子七手八脚地忙起来，没过多时，一扇漂漂亮亮的大门安在了兔子家的新房子里。

2. 引出新知。

（1）出示 an、en、in 的卡片。

引导语：小朋友们，今天我们要学习前鼻韵母。这几位是拼音家族里极为可爱的新朋友，仔细瞧瞧，你发现了什么？

（2）小结：这三个韵母后面都有 n，这个 n 不是声母 n，只表示鼻音。发音时摆好发声母 n 的准备，舌尖顶住上颚的前部，让气流从鼻孔出来。（教师用手势演示。）因此，这样的韵母叫前鼻韵母。

二、学习前鼻韵母 an、en、in 和整体认读音节 yin。

1. 学习前鼻韵母 an。

（1）请儿童观察《拼音学习》第 40 页上半部分第一幅图，说一说图上有什么。

引导语：天安门的“安”和今天学的前鼻韵母 an 读音相似。

（2）引导儿童跟读：天安门 an an an。

（3）记字形：an 是由哪两个字母组成的？

（4）学习四声：ān、án、ǎn、àn。

（5）请儿童翻开《拼音学习》第 40 页，学习拼读 dan、tan、nan、lan，然后看图拼读“篮球、勇敢、安全帽、南瓜”。

（6）教师范写，引导儿童书空练习，并翻开《拼音学习》第 40 页，先描红，再书写。

2. 学习前鼻韵母 en。

（1）请儿童观察《拼音学习》第 41 页上半部分第一幅图，说一说图上的人在做什么。

引导语：摁门铃的“摁”和今天学的前鼻韵母 en 的读音相似。

（2）引导儿童跟读：摁门铃 en en en。

（3）记字形：en 是由哪两个字母组成的？

（4）学习四声：ēn、én、ěn、èn。

（5）请儿童翻开《拼音学习》第 41 页，学习拼读 ben、pen、men、fen，然后看图拼读“书本、花盆、大门、兴奋”。

（6）教师范写，引导儿童书空练习，并翻开《拼音学习》第 41 页，先描红，再书写。

3. 学习前鼻韵母 in。

（1）请儿童观察《拼音学习》第 41 页下半部分第一幅图，说一说图上是什么。

引导语：手印的“印”和今天学的前鼻韵母 in 的读音相似。

（2）引导儿童跟读：小手印 in in in。

（3）记字形：in 是由哪两个字母组成的？

（4）学习四声：īn、ín、ǐn、ìn。

（5）请儿童翻开《拼音学习》第 41 页，学习拼读 jin、qin、xin，然后看图拼读“树林、毛巾、弹琴、信封”。

（6）教师范写，引导儿童书空练习，并翻开《拼音学习》第 41 页，先描红，再书写。

4. 学习整体认读音节 yin。

（1）出示小白兔在树荫下乘凉的图片，引出 in 和 yin。提问：图上画着谁？在干什么？

（2）小结："树荫"的"荫"的韵母就是我们今天学习的前鼻韵母 in，在 in 的前面加上声母 y，就是整体认读音节 yin，它的读音和前鼻韵母 in 相同。

（3）学习四声：

树荫下面多阴凉，yīn yīn yīn，
十五的月亮洒银光，yín yín yín，
夏天热，喝饮料，yǐn yǐn yǐn，
杯上有个小手印，yìn yìn yìn。

（4）引导儿童完成《拼音学习》第 42 页"读一读"。

（5）教师范写，引导儿童书空练习，并翻开《拼音学习》第 42 页，先描红，再书写。

三、操作练习。

请儿童翻开《拼音学习》第 42 页，完成"an en in 的练习"。

学习前鼻韵母 un、ün，整体认读音节 yun、yuan

活动目标

1. 掌握前鼻韵母 un、ün 和整体认读音节 yun、yuan，能读准音、正确书写。

2. 能准确拼读由声母和前鼻韵母 un、ün 组成的音节。

活动准备

物质准备：（1）拼音卡片"un、ün、yun、yuan"。（2）《拼音学习》第 40 页、第 43 页、第 44 页。

活动过程

一、温故知新。

1. 教师念儿歌：天安门，an an an，来到北京把它观。摁门铃 en en en，摁了门铃等开门。树荫树荫 in in in，小兔乘凉好开心。

2. 小结：刚才大家复习了 an、en、in 这些老朋友，现在老师介绍新朋友与大家见面，好吗？

3. 儿歌引出新知。

（1）教师朗诵儿歌：抬头看看云，再看温度计。我是小小气象员，每天按时报天气。

（2）提问：儿歌中说的小朋友是谁？（小小气象员。）儿歌中说小气象员是怎样观察天气的？（抬头看看云，再看温度计。）

（3）教师根据儿童的回答及时出示相应的拼音卡片（yuan、ün、yun、un），让儿童初步感知今天的学习内容。

二、学习前鼻韵母 un、ün 和整体认读音节 yun、yuan。

1. 学习前鼻韵母 un。

（1）引导儿童观察《拼音学习》第 43 页上半部分第一幅，看一看图上有什么。

引导语：蚊子的“蚊”与我们今天要学的韵母un发音相似。

（2）出示拼音卡片un，范读，并讲解发音要领：un是“uen”的缩写，嘴巴突出发u的音，然后迅速滑到en的音上去。

（3）教师领读，儿童跟读，而后“开火车”练读。

（4）学习四声：ūn、ún、ǔn、ùn。

（5）请儿童翻开《拼音学习》第43页，学习拼读gun、kun、hun，然后看图拼读“春天、车轮、村庄、昆虫”。

（6）教师范写，引导儿童书空练习，并翻开《拼音学习》第43页，先描红，再书写。

2. 学习前鼻韵母ün。

（1）引导儿童观察《拼音学习》第43页下半部分第一幅图，看一看图上有什么。

引导语：如果把un前面的u换成ü，这个前鼻韵母的发音可就大不相同了。

（2）出示拼音卡片ün，范读，并讲解发音要领：ün是“üen”的缩写，嘴巴突出发ü的音，然后迅速滑到en的音上去。

（3）教师领读，儿童跟读，而后“开火车”练读。

（4）学习四声：ǖn、ǘn、ǚn、ǜn。

（5）请儿童翻开《拼音学习》第43页，学习拼读jun、qun、xun，然后看图拼读“军棋、裙子、训练、骏马”。

（6）教师范写，引导儿童书空练习，并翻开《拼音学习》第43页，先描红，再书写。

3. 学习整体认读音节yun。

引导语：韵母ün还有个同名同姓的兄弟，你们想认识它吗？

（1）出示yun，请儿童认读。

（2）比较yun和ün：小朋友们有没有发现yun和韵母ün有什么不同？为什么？（yun是整体认读音节，不能拆开，单独发音，不与其他拼音相拼；ün只是个韵母，要与其他声母相拼，才能组成完整的音节。）

（3）引导儿童认读yun的四声，并完成《拼音学习》第44页“读一读”。

（4）教师范写yun，引导儿童书空练习，并翻开《拼音学习》第44页，先描红，再书写。

4. 学习整体认读音节yuan。

（1）出示拼音卡片yuan，告诉儿童这也是个整体认读音节，将“员”的第二声去掉，就是它的读音。

（2）引导儿童猜一猜yuan写成韵母时会是什么样的。（üan。）

（3）引导儿童认读yuan的四声，并完成《拼音学习》第40页“读一读”。

（4）教师范写yuan，引导儿童书空练习，并翻开《拼音学习》第40页，先描红，再书写。

三、操作练习。

请儿童翻开《拼音学习》第 44 页，完成“un ün yun 的练习”。

复习前鼻韵母 an、en、in、un、ün

活动目标

1. 复习前鼻韵母 an、en、in、un、ün 和整体认读音节 yin、yun、yuan。

2. 能准确拼读由声母和 an、en、in、un、ün 组成的音节，会读拼音词。

活动准备

物质准备：（1）拼音卡片“g、k、h、j、q、x、un、ün”，车轮图片一张。（2）歌曲《找朋友》、播放器。

活动过程

一、练习拼读由 un、ün 组成的音节。

1. 引导语：an、en、in 有好朋友可以组成音节，un、ün 的好朋友也不少啊，你们瞧！

2. 教师出示卡片“g、k、h、j、q、x、un、ün”，请儿童上台做“找朋友”的游戏。

（1）播放《找朋友》的歌曲，游戏开始。

（2）音乐停，师生评一评：这两个声母、韵母能不能交朋友，组成音节？如果可以，组成的音节怎么读？

g—un→gun　　j—ün→jun

k—un→kun　　q—ün→qun

h—un→hun　　x—ün→xun

3. 小结：ün 只和 j、q、x 交朋友，组成音节时必须摘掉墨镜，写的时候别忘了去掉两点。

二、练习拼读音节词。

1. 教师出示车轮图片，同时板书音节词“chē lún”。

2. 指导儿童读准 lún。

3. 指导儿童把音节词连起来读一读，注意连读。

三、拓展练习。

引导语：秋天到了，苹果树上结满了又大又红的苹果，你能动脑筋想办法，摘下它们吗？

教师事先在黑板上画好一棵苹果树，把“hǎi tún、chǐ lún、jūn rén、qún zi、chūn tiān、cǎi yún、huā yuán、sūn zi、yǐn liào”音节词写在树上结的苹果中，并引导儿童认认、读读。

学习后鼻韵母 ang、eng、ing、ong，整体认读音节 ying

活动目标

1. 掌握后鼻韵母 ang、eng、ing、ong 和整体认读音节 ying，能读准音、正确书写。

2. 能准确拼读由声母与后鼻韵母 ang、eng、ing、ong 组成的音节。

活动准备

物质准备：（1）拼音卡片“ang、eng、ing、ong、ying”。（2）《拼音学习》第 45～47 页。

活动过程

一、创设情境，激发兴趣。

引导语：孩子们，不得了了！“汉语拼音王国”里发生了一件大事情。住在汉语拼音王国里的小羊宝宝因为上课不认真，开小差，做小动作，还乱扔纸屑，被大森林里的大灰狼知道了。大灰狼最爱吃不爱学习的孩子了，所以，放学以后，大灰狼把小羊宝宝捉进了大森林，关了起来……大灰狼告诉羊妈妈，要想救回羊宝宝，必须满足他的要求，否则他明天就把小羊吃了！大灰狼要求羊妈妈在今天之内学会 ang、eng、ing、ong 这 4 个后鼻音韵母和 ying 这个整体认读音节。这可怎么办？羊妈妈岁数大了，学不会呀！孩子们，你们愿意帮帮羊妈妈吗？

二、学习后鼻韵母 ang、eng、ing、ong 和整体认读音节 ying。

1. 学习后鼻韵母 ang。

（1）请儿童观察《拼音学习》第 45 页第一幅图，看一看图上画的是谁，他是怎么走路的。

（2）小结：昂首挺胸 ang ang ang。“昂”就是我们今天要学的第一个后鼻韵母 ang。

（3）教师示范，并讲解发音要领：发 ang 音时，先发 a，然后把舌头快速地往后一缩，发出 n 和 g 的后鼻音。

（4）引导儿童练习发音，教师及时正音。

（5）学习四声：āng、áng、ǎng、àng。

（6）引导儿童翻开《拼音学习》第 45 页，学习拼读 zhang、chang、shang、rang。

（7）教师范写，引导儿童书空练习，并翻开《拼音学习》第 45 页，先描红，再书写。

2. 学习后鼻韵母 eng。

（1）请儿童观察《拼音学习》第 45 页第二幅图，看一看图上画的是什么。

（2）小结：小蜜蜂 eng eng eng 。“蜂”的韵母 eng 就是我们今天要学的第二个后鼻韵母。

（3）教师示范，并讲解发音要领：发 eng 音时，先发 e，然后把舌头快速地往后一缩，发出 n 和 g 的后鼻音。

（4）引导儿童练习发音，教师及时正音。

（5）学习四声：ēng、éng、ěng、èng。

（6）引导儿童翻开《拼音学习》第 45 页，学习拼读 deng、geng、heng。

（7）教师范写，引导儿童书空练习，并翻开《拼音学习》第 45 页，先描红，再书写。

3. 学习后鼻韵母 ing。

（1）请儿童观察《拼音学习》第 46 页第一幅图，看一看图上画的是什么。

（2）小结：老鹰老鹰 ing ing ing。“鹰”的韵母 ing 就是我们今天要学的第三个后鼻韵母。

（3）教师示范，并讲解发音要领：发 ing 音时，先发 i，然后把舌头快速地往后一缩，发出 n 和 g 的后鼻音。

（4）引导儿童练习发音，教师及时正音。

（5）学习四声：īng、íng、ǐng、ìng。

（6）引导儿童翻开《拼音学习》第 46 页，学习拼读 jing、qing、xing。

（7）教师范写，引导儿童书空练习，并翻开《拼音学习》第 46 页，先描红，再书写。

4. 学习整体认读音节 ying。

引导语：ing 有个同胞兄弟，就是 ying（出示卡片 ying）。

（1）引导儿童比较 ing 和 ying 的异同：二者读音相同。ying 是整体认读音节，不能拆开，单独发音，不与其他拼音相拼；ing 只是个韵母，要与其他声母相拼，才能组成完整的音节。

（2）引导儿童学习 ying 的四声。

（3）教师范写 ying，引导儿童书空练习，并翻开《拼音学习》第 46 页，先描红，再书写。

5. 学习后鼻韵母 ong。

（1）请儿童观察《拼音学习》第 46 页第二幅图，看一看图上画的是什么。

（2）小结：小闹钟 ong ong ong。“钟”的韵母 ong 就是我们今天要学的第四个后鼻韵母。

（3）教师示范，并讲解发音要领：发 ong 音时，先发 o，然后把舌头快速地往后一缩，发出 n 和 g 的后鼻音。

（4）引导儿童练习发音，教师及时正音。

（5）学习四声：ōng、óng、ǒng、òng。

（6）引导儿童翻开《拼音学习》第 46 页，学习拼读 zhong、chong、song。

（7）教师范写，引导儿童书空练习，并翻开《拼音学习》第 46 页，先描红，再书写。

三、操作练习。

请儿童翻开《拼音学习》第 47 页，完成“ang eng ing ong ying 的练习”。

图书在版编目（CIP）数据

幼小衔接·教师指导手册/林秀娟主编.
—福州：福建人民出版社，2015.8（2024.12 重印）
ISBN 978-7-211-07168-5

Ⅰ.①幼…　Ⅱ.①林…　Ⅲ.①学前教育—教学参考资料　Ⅳ.①G613

中国版本图书馆 CIP 数据核字（2015）第 169001 号

幼小衔接·教师指导手册

YOU-XIAO XIANJIE · JIAOSHI ZHIDAO SHOUCE

主　　编： 林秀娟
责任编辑： 赵　玮
出版发行： 福建人民出版社　　**电　　话：** 0591-87533169（发行部）
地　　址： 福州市东水路 76 号　　**邮政编码：** 350001
经　　销： 福建新华发行（集团）有限责任公司
印　　刷： 福建省金盾彩色印刷有限公司　　**电　　话：** 0591-87718701
地　　址： 福州市金山浦上工业区 D 区 24 幢
开　　本： 787 毫米×1092 毫米　1/16
印　　张： 9.25
字　　数： 202 千字
版　　次： 2015 年 8 月第 1 版
印　　次： 2024 年 12 月第 7 次印刷
书　　号： ISBN 978-7-211-07168-5
定　　价： 22.00 元

本书如有印装质量问题，影响阅读，请直接向承印厂调换。